EL ASCENSO DE UN DÉSPOTA

El caso del Ecuador

Franklin López Buenaño

Copyright © Octubre, 2020 Franklin López Buenaño

All rights reserved

The characters and events portrayed in this book are fictitious. Any similarity to real persons, living or dead, is coincidental and not intended by the author.

No part of this book may be reproduced, or stored in a retrieval system, or transmitted in any form or by any means, electronic, mechanical, photocopying, recording, or otherwise, without express written permission of the publisher.

Library of Congress Control Number: 2018675309
Printed in the United States of America

A mis compañeros del STAR, amigos de toda la vida

En una columna publicada el 2 de octubre, 2020, en el diario El Universo, titulada "El libro negro", Adrián Santiago Pérez Salazar dice así:

"No nos olvidemos del fiasco de la Refinería del Pacífico. No nos olvidemos de los 10 de Luluncoto. No nos olvidemos del cierre del diario Hoy. No nos olvidemos de la persecución a Galo Lara. No nos olvidemos del asesinado de Jorge Gabela. No nos olvidemos del secuestro de Fernando Balda. No nos olvidemos del caso 'El Universo'. No nos olvidemos del saqueo a la seguridad social. No nos olvidemos de tantos otros vergonzosos incidentes perpetrados por la dictadura. No nos olvidemos de todas las mentiras, los escándalos, atropellos y abusos de poder que caracterizaron a los diez años del correísmo. No nos olvidemos del Gobierno que habiendo tenido una bonanza petrolera nunca antes vista ha dejado a un país quebrado y vendido a China.
Debe escribirse acerca del correísmo una enciclopedia definitiva que recopile cada insulto, cada mentira, cada robo y cada persecución perpetrada durante diez años de dictadura. Un testimonio para que generaciones futuras no olviden cómo una banda de déspotas y delincuentes secuestró a nuestro país e intentó adueñarse de nuestro futuro. Un 'Libro negro del correísmo' que nos ayude a recordar todo lo sucedido no solo para la infamia de los corruptos, sino para no tener que volver a lamentar otra década perdida".

@PerezAdrian25
aperez@coronelyperez.com

Este libro no es la enciclopedia deseada por el columnista, pero tiene el mismo objetivo.

TABLA DE CONTENIDO

◆ ◆ ◆

PRÓLOGO
PREFACIO
  Definiciones

CAPÍTULO 1: INTRODUCCIÓN

La supuesta noche neoliberal
  El neoliberalismo

La naturaleza y el uso del Poder
  La psicología social en la esfera política
    La psicología de los líderes políticos
    La psicología de los votantes
      La predisposición apática
      La predisposición reglada
      La predisposición madura
    El papel de las imágenes de comportamiento
      Las raíces psicológicas de los apáticos
      Las raíces psicológicas de los reglados
      El líder populista: centro de las esperanzas humanas
    El socialismo: caldo de cultivo del autoritarismo
    Los espejismos de la utopía

CAPÍTULO 2: CORREA LLEGA AL PODER

El plan del Foro de San Pablo

La ejecución del plan
  El papel del electorado en el triunfo electoral de Correa
    La obnubilación de la izquierda
  El ascenso de Correa: el déspota

La malicia y el Poder
    ¿El poder absoluto corrompe absolutamente?
  Una Constitución a la medida del déspota
    La novelería del Buen Vivir
    El Estado de "derechos"
    Fortalecimiento del Estado como motor de la economía y otras disposiciones constitucionales
    La cooptación del Poder Judicial. Ampliación del catálogo de derechos y garantías jurisdiccionales.
  Arribó el despotismo

CAPÍTULO 3: EL EJERCICIO DEL PODER DESPÓTICO

La psicología del déspota
  La cratomanía
  Otros rasgos psicológicos
  La predisposición al autoritarismo
  Nadie gobierna solo
    El papel de los esenciales
    El control de las revueltas y rebeliones

La aquiescencia de la población
  El temor
    El uso de la violencia
    El Estado de propaganda
      El ataque a la prensa y a la libertad de expresión
      El uso del engaño, del discurso y del lenguaje
    Los súbditos

El marco institucional
  Función de las institucionales formales
  La contención: Regla informal fundamento de la democracia
    La cooptación del sistema jurídico
    La importancia de la institucionalidad

CAPÍTULO 4: LOS LEGADOS DEL CORREATO

El truncado amanecer económico
El truncado amanecer social
El truncado amanecer político
  La corrosión del sistema electoral
  La ley que amordazó la prensa

El gran saqueo
  El saqueo moral
    La "viveza criolla" de Correa y sus adláteres
      Las mentiras y el cinismo habitual
    La neolengua: el uso de eufemismos para controlar
      La violencia verbal y su difusión a la sociedad
      El discurso excluyente de Rafael Correa
      Empeoramiento de la cultura de los ecuatorianos
    El resentimiento como subterfugio de campaña electoral
  La cleptocracia correísta
    La corrupción corrosiva

Violaciones a los derechos humanos

CAPÍTULO 5: ¿QUO VADIS ECUADOR?
  El país que nos dejaron
  La problemática socioeconómica
  El camino a la democracia liberal
    La sociedad civil: último bastión de la libertad
  La Justicia no puede esperar
    La difícil lucha contra la corrupción
  El caso Sobornos 2012-2016 y la esperanza de un nuevo amanecer
  Desafíos y obstáculos en el camino a la república
    Las transformaciones deben venir "desde abajo"

REFERENCIAS BIBLIOGRÁFICAS
ANEXO: LOS CRÍMENES DE LESA HUMANIDAD NO PRESCRIBEN
APÉNDICE: EL GRAN SAQUEO

El saqueo material

El habitual despilfarro

NOTAS

PRÓLOGO

◆ ◆ ◆

De lectura fácil, en esta obra el lector encontrará una reflexión aguda sobre los métodos utilizados por gobernantes autoritarios para someter a los pueblos y permanecer en el poder el mayor tiempo posible. *El ascenso de un déspota* repasa el caso emblemático de Rafael Correa a lo largo de su prolongado paso por la Presidencia de la República del Ecuador. Con detenimiento, Franklin López disecta el método utilizado por este representante de los autoritarios gobernantes autodenominados socialistas del siglo XXI, con reflexiones que nunca perderán vigencia; pues la historia de la Humanidad está llena de episodios de líderes que mediante el engaño alcanzaron la posibilidad de liderar a sus pueblos y aprovecharon su posición para beneficiarse y beneficiar a su entorno cercano, afectando al grueso de la población.

Franklin López profundiza sobre la psicología tanto de los líderes políticos como la de los electores, las personas que con su voto llevan al poder a este tipo de líderes. Desde su característica visión libertaria, describe cómo el socialismo es caldo de cultivo para crear el espejismo de la utopía y para el crecimiento de líderes autoritarios, que amparados en una ficción de democracia participativa, en la práctica borran las instituciones que garantizan el equilibrio de poderes, los controles verdaderamente democráticos, para imponer su voluntad; y, a base de propaganda, vender la teoría de que sus acciones buscan favorecer a las mayorías. En palabras del autor, borran las "reglas de contención, que son fundamento de la democracia";

y esta concentración de poderes conduce a la corrupción, al "saqueo moral" y a la cleptocracia.

El autor concluye con una indispensable reflexión, que tampoco perderá vigencia en el tiempo, sobre el futuro del Ecuador. La problemática socioeconómica, la defensa de la democracia liberal y de las libertades individuales. El papel de las instituciones, en especial la justicia independiente del poder político y su indispensable papel en la lucha contra la corrupción. El rol de la sociedad civil para impulsar un arreglo institucional que se materialice en la creación de espacios que permitan a cada individuo transitar por la búsqueda de su bienestar personal y familiar.

Una obra indispensable para quienes creemos que las sociedades prósperas se construyen mediante la suma de esfuerzos individuales y de alianzas colectivas voluntarias, para quienes dudamos de los líderes mesiánicos que creen conocer lo que "conviene" a cada uno de nosotros e imponen su particular visión del mundo. Un libro también indispensable para quienes, con el paso del tiempo, vayan olvidando lo que representó para el Ecuador y su gente el paso por el poder de uno de los líderes más despóticos que nuestra historia haya registrado.

Alfredo Arízaga, septiembre 2020

PREFACIO

◆ ◆ ◆

Este libro no es una biografía, tampoco es una narración de hechos, es un relato analítico de un gobierno nefasto que gobernó el Ecuador por 12 años, siendo su gobernante, Rafael Correa Delgado, el de mayor duración en la historia republicana del país[1]. Correa pasó de ser un profesor desconocido a ministro de economía y de ahí a Presidente. Supo persuadir a muchos de que era un hombre joven, educado (un Ph.D. de la Universidad de Illinois, Urbana-Champaign, Chicago y Master de la Universidad de Lovaina, Bélgica), con ideas revolucionarias y que daría fin a la "larga noche neoliberal", enrumbando el país hacia el Buen Vivir (*suma kawsay*): un mundo más equitativo, cooperativo, comunitario, en armonía y equilibrio con la naturaleza (*pachamama*). Su eslogan era un gobierno de "mentes lúcidas, corazones ardientes y manos limpias". Organizó un movimiento político llamado Alianza País (Alianza por un País Altivo y Soberano) que luego aglutinara a varios partidos como el Partido Socialista y movimientos como el grupo de la Ruptura de los 25.

Desgraciadamente, una vez en el ejercicio del poder político[2] demostró ser un déspota, un gobernante autoritario que logró controlar todas las instituciones del Estado y convertir a su gobierno en una cleptocracia que despilfarró y saqueó alrededor de 30 mil millones de dólares, según Dora Ordóñez, la secretaria del Comité Anticorrupción. Y, desperdició la oportunidad, que se le presentó con ingresos fiscales de más de 300 mil millones, de pasar a la historia como el mejor presidente del

Ecuador. Hoy la Justicia ecuatoriana lo sentenciado a 8 años de cárcel, a él y algunos de sus adláteres, muchos de ellos se han fugado a los EEUU, México, Venezuela y Argentina.

Es una historia que parecería ser la invención de algún autor de telenovelas dramáticas. Y, sin embargo, es real –hasta parecería ser surreal— y trágica, pues su funesto legado sigue y seguirá legando una secuela de hambre, miseria, pobreza a más de la mitad de los ecuatorianos (unos 8 millones), sin empleo, sin ni siquiera existir una esperanza de una vida mejor. Y, hoy, cuatro años más tarde, la pandemia del coronavirus SAS-COVID-2 ha destapado toda la ineficacia, la inmundicia y la rapacería de su administración. En el Apéndice se puede encontrar una lista de los actos de corrupción conocidos antes de la pandemia.

La administración despótica del gobierno de Rafael Correa no es una excepción histórica. Al contrario, la historia de la humanidad –hasta los inicios del Siglo XIX-- está llena de déspotas, tiranos, dictadores, sátrapas. La del Ecuador es parecida, aunque a diferencia de otros países de América Latina, sus dictaduras fueron calificadas de "dictablandas" porque el nivel de violencia siempre fue bajo por lo cual el país se enorgulleció de ser una "isla de paz". Sin embargo, los diez años de correato fueron tan nefastos que la pregunta *¿Por qué?* demanda una respuesta.

Por supuesto que la respuesta es compleja, no se puede atribuir solo a una o unas pocas causas; no obstante, la literatura de ciencia política nos da unas cuantas explicaciones[3]. En este libro me atrevo a utilizar un enfoque teórico para explicar cómo Correa llegó al Poder, cómo lo ejerció y cuáles fueron sus legados a la posteridad.

Sobre Correa y el correato existen varios libros al respecto. El de Mónica Almeida y Ana Karina López (2017) *El séptimo Rafael* es una excelente investigación sobre los antepasados de Correa y su incidencia en el comportamiento autoritario del expresidente. Nicolás Márquez (2013) *El cuentero de Carondelet* dedica muchas de sus páginas a la psicología para explicar la personalidad de Correa. Osvaldo Hurtado (2012) *Dictaduras del siglo XXI* analiza en detalle los eventos, las medidas económicas y políticas y sus consecuencias para el futuro del Ecuador. Luis Fernando Torres (2009) *Presidencialismo constituyente* estudia los alcances políticos y constitucionales del proceso constituyente que vivió el Ecuador desde enero 2007, cuando se convocó a una Asamblea Constituyente hasta cuando se refrendó la Constitución de Montecristi en septiembre 2008. Lourdes Tibán (2018) *Tatay Correa* presenta una cronología exquisita de la persecución y criminalización durante el correísmo.

Con estos antecedentes surge la pregunta para qué otro libro sobre el correato. Es que en ninguno de los mencionados profundizan por qué Correa llegó al Poder cuando la situación económica del Ecuador, a finales de 2006 era promisoria, la inflación estaba controlada y los precios del petróleo estaban al alza, tampoco examinan las condiciones psicosociales que son caldo de cultivo para los populistas ni la disposición autoritaria de los líderes políticos asociados con el socialismo del siglo 21.

Para comenzar debemos estudiar las razones de su ascenso al Poder, segundo, cómo supo expandir y profundizar su Poder hasta convertirse en un déspota y tercero, cómo y dónde despilfarró y saqueó la mayor bonanza petrolera que tuvo el Estado. La corrupción sistémica del gobierno de Correa es harta conocida, la evidencia legal ha sido posible por las investigaciones de la Fiscal General, Diana Salazar. Sin embargo no existe un análisis de la complejidad del correato, sobran hechos pero pocas explicaciones. Este libro pretende llenar estos vacíos.

Definiciones

Es importante mantener en mente algunas definiciones. Por ejemplo, el poder no es lo mismo que *influencia*. Esta es la capacidad de cambiar el curso de una acción u opinión en otra persona, en otras palabras, *persuadir* o *convencer*. El *poder* es la capacidad de una persona para ejercer *control* sobre el comportamiento de otra persona, como diría Robert Dahl: "es la capacidad de hacer que una persona haga algo que por su voluntad no lo haría"[4]. La *autoridad* es el poder que se obtiene por estar en una posición, rango o nivel particular.

Como el tema de este libro es una administración política, el poder de marras es el poder *político*, el que se ejercita utilizando la *coerción o coacción,* es decir, el uso o la amenaza del uso de la fuerza. El *Estado* por definición es el depositario del *monopolio* del Poder, sea legítimo o ilegítimo. En la actualidad, hay un consenso que el Poder es legítimo cuando tiene un mandato de la mayoría de la población, normalmente reflejado en las urnas: la democracia representativa. También últimamente es común hablar de *democracia*, a lo que en la literatura se conoce como *democracia liberal o república.* En una república el Poder se legitima --además de los resultados electorales-- cuando respeta y garantiza los derechos humanos, normalmente aquellos enumerados en la carta de las Naciones Unidas. Una democracia liberal también se conoce como *Estado de derecho*, cuando existe independencia de funciones (como las definió Montesquieu), igualdad universal ante la ley, debido proceso, y otras condiciones que favorecen el desenvolvimiento pacífico de los ciudadanos.

Aunque *populismo* es un término bastante nebuloso, aquí lo identifico con el paradigma del Estado paternalista, es decir, un sistema de gobierno en el que este es equivalente a un "padre de familia", un padre benévolo, aunque autoritario, que trata de satisfacer a sus hijos en todo lo que ellos deseen, ignorando la escasez de recursos a su disposición. No utilizo el término déspota populista porque es un pleonasmo, todo déspota es populista; pues normalmente emplea "pan y circo" para conservar popularidad y mantenerse en el Poder. Al contrario, un populista no es necesariamente un déspota, no necesita recurrir a la arbitrariedad para contentar a las masas[5].

También hay que distinguir entre dictador, sátrapa, déspota y tirano. El dictador es alguien que ha tomado posesión del Poder y ha eliminado la división de las funciones del Estado. El sátrapa y el déspota son los que han logrado controlar las funciones del Estado para el ejercicio del Poder, pueden ser elegidos, y lo hacen con arbitrariedades no sangrientas. Se consideran superiores a la ley. El tirano, también acapara el ejercicio del Poder pero comete actos crueles además de arbitrarios y viola las leyes y normas que se interponen su accionar.

De acuerdo don estas definiciones, Correa fue un déspota. No fue un dictador porque mantuvo el carácter representativo de la Función Legislativa y llegó a controlar la Función Judicial mediante una consulta popular. Tampoco fue un tirano, aunque no existe evidencia legal de haber cometido actos sangrientos, no faltan los que le acusan de la muerte de un general y de algún periodista. En el Anexo, el periodista ecuatoriano Emilio Palacio argumenta que sí lo fue por haber cometido "crímenes contra lesa humanidad".

CAPÍTULO 1: INTRODUCCIÓN

◆ ◆ ◆

A primera vista, parece que los últimos cincuenta años de la historia del Ecuador es una historia de oportunidades desaprovechadas, décadas perdidas, ingobernabilidad política e inestabilidad económica. No obstante, mirando las cifras estadísticas emerge otro país. Una nación que "tumbo en tumbo"[6] comenzaba a despertar a una democracia liberal en lo político y a un sistema social de mercado en lo económico. Es decir, el país se había encaminado a la modernidad. Así resume Osvaldo Hurtado (2017), el reciente pasado del Ecuador:

> *El Ecuador de hoy es absolutamente diferente del país atrasado en el que nada cambiaba y todo seguía igual, condición en la que permaneció desde que se fundó la República, en el lejano 1830, hasta mediados del siglo 20.... Pero en las últimas décadas la sociedad ecuatoriana ha disfrutado del alero protector de las instituciones republicanas y el país ha vivido el más extenso período democrático de su historia, si bien afectado por el ejercicio autoritario de dos gobiernos, el segundo durante diez largos años.... Se produjeron importantes avances en los niveles de vida de todos los sectores sociales y los servicios de educación y salud cubrieron a casi todos los ecuatorianos. Se redujo significativamente la pobreza, se conformó la clase media, emergió el mundo indígena y*

la mujer se incorporó a la vida nacional. Gracias a estos progresos sociales, hijos o nietos de trabajadores manuales accedieron a las universidades y algunos conformaron pequeñas fortunas. Casi desapareció el analfabetismo y todo el que quiso educarse encontró una matrícula en escuelas y colegios. El país se integró geográficamente con un sistema moderno de comunicaciones, en el que se destaca una extensa red de carreteras, algunas propias del primer mundo. Proliferan los emprendimientos empresariales y pequeños y medianos negocios incursionan en el mercado exportador.

Pero, no ese el discurso que se escuchaba en las columnas periodísticas, en los foros y debates, o en las contiendas políticas. Más bien se había encontrado una "cabeza de turco" a quien culpar los males del país: el tenebroso "neoliberalismo".

La supuesta noche neoliberal

Se atribuye a Goebbels, el jefe de propaganda nazi, la frase de que "una mentira repetida mil veces se convierte en verdad". Nada más cierto que el "neoliberalismo". Muchos de sus detractores ni siquiera saben de qué se trata. Lo tiran al viento porque atacarlos suena erudito, ético, humano, solidario y, sobre todo, de izquierda.

El discurso socialista, de izquierda, anticapitalista, había nacido y crecido en las aulas de los colegios y universidades. Los movimientos sociales y el movimiento indígena se habían nutrido de las ideas marxistas. La revolución cubana y el Che Guevara eran sus plataformas de actividad política. Analistas como Alberto Acosta, Jürgen Schuldt publicaron ensayos proclamando que el proceso de democratización que se había iniciado en 1980 había implantado una economía de corte neoliberal, un hecho indiscutible según su perspectiva. El afamado Noam Chomsky (Alison Vargas, 2019) sostiene que el neoliberalismo es la raíz común de las crisis actuales; inclusive economistas como Joseph Stiglitz (*La República, 2010*) afirman que el neoliberalismo es un fracaso en todas sus dimensiones, aunque aclara "que no tuvo nada de liberal". Sin embargo, recientes investigaciones (Ian Vázquez, 2020) demuestran que el neoliberalismo no fue un fracaso sino que "encuentran que el crecimiento económico está fuertemente relacionado a las reformas y mejoró notablemente luego de ellas, **especialmente en América Latina**" (énfasis mío). De todas maneras el neoliberalismo no se aplicó en el Ecuador como lo fue en otros países de la región.

El neoliberalismo

El liberalismo clásico del siglo 18, como el de Adam Smith, John Locke, Montesquieu, concebían la libertad de mercado como el mejor mecanismo para la asignación de recursos y la república como el sistema político que permitiría a los ciudadanos la búsqueda de la felicidad dentro de un marco de garantía y defensa de los derechos individuales.

Los fracasos del *cepalismo*, de la política de sustitución de importaciones, las inflaciones consuetudinarias y el excesivo endeudamiento culminaron con el repudio mexicano de la deuda externa en los albores de los 80, llevando a América Latina a buscar un nuevo modelo de desarrollo. Así surgió lo que luego se calificó como el *Consenso de Washington*, una serie de medidas que debían tomarse para retomar el camino al desarrollo.

Entre otras las medidas más importantes eran: (1) equilibrio en las cuentas fiscales (reducción del déficit fiscal) para lo cual se preveía nuevos o alza de impuestos, eliminación de subsidios y reducción de las burocracias; (2) la privatización de las empresas públicas; (3) acuerdos de "libre"[7] comercio internacional para promover el desarrollo "hacia afuera" y (4) políticas de estabilización monetaria. Estas fueron las medidas a adoptarse en la *larga noche neoliberal*, con el Fondo Monetario Internacional como agente del "imperio".

En el Ecuador hubo un incipiente esfuerzo para liberar la economía durante el gobierno de Sixto Durán Ballén. Abdalá

Bucaram propuso –aunque sin resultados-- la convertibilidad y la eliminación del subsidio al gas. Las revueltas populares que terminaron en su destitución fueron claramente *anti-neoliberales*.

Flavia Freidenberg y Simón Pachano (2016) afirman que: "un análisis comparativo de diecinueve países de América Latina, en 1999 Ecuador ocupaba el cuarto lugar de los que en menor medida habían impulsado las denominadas reformas estructurales, que comprendían apertura comercial, liberalización financiera, privatización, reforma laboral y reforma fiscal". Los otros países en que esas políticas no pudieron ser implantadas fueron Venezuela, Nicaragua y Uruguay.

Quizás la única medida que pudiera tildarse de liberal fue la dolarización y eso porque sus detractores fueron socialistas, a pesar de que el FMI fue uno de sus opositores. En este punto es necesario hacer una pausa para enmarcar los sucesos que llevaron al ascenso de Correa y sus adláteres dentro de una concepción teórica sobre el Poder.

La naturaleza y el uso del Poder

No hay Poder sin obediencia. En todo conglomerado humano hay individuos que mandan y otros que obedecen. Lo curioso y hasta fascinante es que el número de los que mandan es relativamente muy pequeño en comparación con los que obedecen, el Poder es *asimétrico* por naturaleza. No hay Poder sin obediencia y como esta situación es ubicua nos preguntamos: ¿Es condición *natural* del hombre la asimetría en el uso del Poder? En la familia los hijos obedecen a sus padres, en la escuela se obedece a los maestros, en las religiones se obedece a los sacerdotes. Entonces, podríamos concluir que la obediencia se inculca en el ambiente social donde crece el individuo, en otras palabras, el hombre está *culturalmente* inducido a obedecer, aunque hay quienes sostienen que obedecer está en nuestros genes. Sea una cualidad cultural o genética, la verdad es que hay unos que mandan y otros obedecen. Esa es la **naturaleza** del poder.

Hoy y siempre el Poder es ejercido por un conjunto de hombres que disponen de la "maquinaria", del sistema de palancas cuya función es transmitir la fuerza o la amenaza de la fuerza, es lo que conocemos como **gobierno**: una estructura legal, ejecutora y sancionadora para obligar a los ciudadanos a ciertos comportamientos sociales. La manifestación del Poder está en el uso o amenaza de la fuerza para mandar y hacer obedecer[8]. Esto significa que los que ostentan el Poder se hacen obedecer porque tienen la fuerza de las armas. Esa es su esencia, *el mando existe por sí y para sí*, existe porque para que unos manden y otros obedezcan, lo cual es lo mismo que decir: el Poder existe *esencialmente para el beneficio de los que mandan*.

El Poder tiene dos características: **su naturaleza y su desempeño**. Su naturaleza es el *mando*, su desempeño es *el egoísmo o el altruismo*. Los que ejercen el Poder pueden utilizar el mando (su esencia) para beneficio del grupo que gobiernan o lo pueden utilizar para generar bienestar. La tributación, por lo tanto, es en primer lugar para beneficiar a los ejercen el Poder (naturaleza) y su posterior uso, para bien o para mal, es secundario (desempeño).

Muchos confunden el desempeño con la naturaleza del Poder, es decir, creen que la búsqueda del bien común es la esencia del Gobierno (los que ejercen el Poder), mas no es así. El desempeño del Poder es lo que concede legitimidad. Lo que verdaderamente existe es la *creencia* humana en la legitimidad del Poder, la *esperanza* en su poder bienhechor y la *conciencia* que se tiene de la existencia de su fuerza. Pero es evidente que la *legitimidad* no le viene más que por la conformidad con que los hombres estiman el ejercicio del Poder. La legitimidad es, en último análisis, la concordancia de las formas del poder y sus discursos justificativos con la cosmovisión y orden moral de una sociedad dada. Al contrario de lo que sostenía Correa, que su legitimidad la había ganado en las urnas, solo cuando el Poder se utiliza para mejorar las condiciones de la ciudadanía es legítimo, de lo contrario solo dura en la medida en que puede utilizar la fuerza para ejercer el Poder.

La benevolencia del Poder es una **consecuencia** del mando; en dictaduras o tiranías los que mandan necesitan recursos para beneficiar a sus allegados para que los sostengan; en democracias necesitan los votos de los electores y para ello ofrecen bienes como educación, servicios de salud, infraestructura; en oligarquías los beneficios van para los grupos que presionan y buscan rentas como aranceles, regulaciones, impuestos especiales, etc. No tendría el Poder ese carácter bienhechor si no fuera por la conformidad de sus fines con lo que los hombres creen que es bueno. Su fuerza sería nula si no fuera por lo que los hombres creen que deben prestarle. Parece, pues, que en la obediencia entra una parte enorme de creencia, de crédito y de aspiraciones fantasiosas[9]. En resumen, el Poder no cambia de naturaleza, aunque puede cambiar su desempeño dependiendo de las circunstancias del marco institucional y de los individuos que ejercen el Poder.

La psicología social en la esfera política

El Poder lo ejecutan hombres, los que mandan son los líderes políticos, pero no es fácil llegar al Poder o mantenerse en él. Se necesita tener cualidades que sobresalen sobre los que obedecen. Los líderes políticos tienen unas características psicológicas que les predisponen a ciertos comportamientos. Los que obedecen también tienen disposiciones psicológicas para aceptar las decisiones de los líderes. ¿Cómo se puede explicar que haya habido líderes políticos que motivaran a sus seguidores a ofrendar su vida por el líder, como Napoleón Bonaparte o Hitler?

La psicología de los líderes políticos

Según F.G. Bailey (1988), *todos* los *líderes políticos*, sin excepción, cualquiera que sea su inclinación ideológica, su origen nacional o cultural, en cualquier tiempo o espacio, *unos más que otros*, todos se ven obligados a tomar decisiones en las que hay ganadores y perdedores; deben ser *eficaces*, es decir, deben lograr lo que se proponen, "el fin justifica los medios" es común en la esfera política. Frente a la complejidad de la vida social cualquier líder siente la obligación de simplificar la verdad, a no decir *toda* la verdad, o a "dorar la píldora", en ciertas ocasiones tienen que decidir entre sus intereses personales y los intereses generales; en otras tendrán que manipular a sus seguidores para persuadirles de la validez de su comportamiento. Para que sus medidas sean apetecibles y expeditas lanzan sofisterías y en muchas circunstancias tienden a esconder sus verdaderas intenciones. En suma, el líder político tiene muchas tentaciones en su camino al Poder o para mantenerse en él. Por ello es común que mientan, engañen o en el mejor de los casos, oculten sus intenciones y decisiones[10].

Todo líder debe tener la capacidad de movilizar un gran número de individuos, si son apáticos recurre al autoritarismo, a los eslóganes para "despertarlos" de su desidia. Si son sumisos y pusilánimes recurre al paternalismo o a la emotividad y hasta al sentimentalismo, invocando ideologías altruistas o reformas socioeconómicas. .La retórica, las promesas de cambio, emocionan y nublan el racionamiento. Inclusive, gana obediencia hasta de los que están complacidos con el *estatus quo.* El triunfo electoral no obedece solo a la predisposición de los votantes, sino también a los valores y creencias de la población. Pero como la cultura no es unitaria ni homogénea, el potencial gobernante debe maniobrar y explotar las posibilidades latentes en la diversidad de sus valores. Para ello, utiliza las causas comunes, demostrando que son justas y buenas. Su reto consiste en identificarse clara y contundentemente con los anhelos de la población, simplificándolas para no entrar en contradicciones y generalizándolas sin anularlas ni fragmentarlas. En este caso las cualidades personales del líder, inefabilidad, carisma, oratoria, son importantes para su triunfo. Lamentablemente, los gobernantes no pueden traicionar a los que contribuyeron a llevarles al Poder, sucumben ante la influencia de las dádivas y el dinero ajeno que, irremediablemente, los transforman de benefactores en explotadores.

Para Bailey todos los líderes políticos tienen actitud o actitudes psicológicas que los disponen a tener una moral *flexible*. Los líderes que llegan a ser exitosos y/o mantenerse en torno al Poder durante mucho tiempo son pragmáticos. Liderazgo es la capacidad de ciertas personas para *movilizar* un gran número de individuos para conseguir ciertos objetivos, aunque estos no sean morales o éticos. Movilizar significa motivar, organizar, orientar y dirigir. Este proceso está lleno de tentaciones que no pocas veces llevan a los líderes al autoritarismo, al despotismo o a la tiranía. La naturaleza misma del Poder conduce al dirigente a simplificar, engañar, manipular para lograr la movilización de sus seguidores.

Estos rasgos psicológicos se agravan en los déspotas. En la medida en que el ejercicio del Poder les permite comportarse por encima de las leyes y logran controlar las funciones del Estado, el cinismo, la mendacidad, la manipulación, el engaño van acompañados de narcisismo y, como veremos más tarde en el caso de Rafael Correa.

La psicología de los votantes

La habilidad del líder para movilizar a sus votantes depende no solo de sus cualidades personales sino también de la predisposición de los individuos a seguirle, a votar por él. Los votantes se pueden clasificar de acuerdo a su predisposición política de la siguiente manera:

La predisposición apática

Los apáticos son los que operan sin autoconfianza o amor propio, se sienten víctimas, están desmoralizados o resignados a su "mala suerte." Aplastados por la desidia o el pesimismo o el resentimiento esperan que llegue alguna fuerza inefable en la cual encontrar alguna esperanza. El líder puede invocar un "sí se puede" para levantarlos de su desidia, o ser miembro de un partido político minoritario postergado, o su origen humilde, víctima de la discriminación o que ya basta de la explotación y que no se debe "aguantar" más.

La predisposición apática fácilmente lleva al líder a caer en el autoritarismo o despotismo. Cuando impera la desidia o la anomia el líder personifica la sabiduría inefable que puede extraer a sus seguidores de la desesperanza. El estilo de liderazgo más apropiado en este caso es el conflictivo maniqueo. La confrontación (nosotros contra los otros) tiene el aspecto de "circo romano" que puede sacudir la indolencia y hacer disfrutar de la lidia. El liderazgo que atrae a los apáticos es el populista, que trata también de identificarse con la cultura del votante; los chistes obscenos, el lenguaje procaz, el baile, el comer lo que come el pueblo, son elementos de identificación.

La predisposición reglada

Los reglamentados son los que obedecen órdenes sin esperar explicaciones, es decir, no necesitan comprender una orden sino seguirla como se sigue un reglamento. También están descontentos aunque en menor grado que los apáticos. Su aislamiento se debe a insatisfacción con las instituciones públicas la cual les lleva a ceder su responsabilidad a un poder "superior", en este caso el líder. Son los que claman "que se vayan todos" y piden que el líder tenga "mano fuerte".

El estilo mesiánico es el más adecuado para movilizar a este tipo de seguidores. Cuando cunde la predisposición reglamentada el líder los moviliza: (1) utilizando la propaganda, la retórica y las promesas de cambio. Recuerda a menudo cómo eran las cosas antes de que él llegara. (2) Con frecuencia encuentra enemigos externos o chivos expiatorios. Menciona a menudo la amenaza que representa la oligarquía o partidocracia, grupos anónimos que son fácil presa de la imaginación. (3) En última instancia, fanatiza a sus seguidores imposibilitando todo razonamiento o capacidad de discernimiento. Los convierte en fieles seguidores, obedientes y devotos del protector.

La predisposición madura

En este caso los votantes confían en sí mismos, en los demás o en el sistema social en el que viven. Siguen pero no obedecen ciegamente, su participación se basa en un cálculo razonado de las ventajas y costos de su seguimiento, entienden que los beneficios deben ir más allá de sus intereses personales y familiares extendiéndose también a los comunitarios, nacionales globales y hasta universales.

Cuando impera la predisposición madura hay una visión realista de lo que el líder y las instituciones sociales pueden lograr. A diferencia del reglamentado, el votante maduro quiere saber el porqué, el cómo, el dónde, el cuándo y el costo. En última instancia, el seguidor maduro puede actuar sin líderes pero apoya al líder hasta dónde cree que se lo merece, siempre y cuando los beneficios superen a los costos de lo propuesto por el líder. Los de predisposición madura tienden a tener una ideología y juzgan las propuestas del líder y de sus ideas. Cuando prevalece la predisposición madura, el líder tiende a obrar con mayor prudencia pues algún día podría ser juzgado por sus seguidores de hoy. El carisma pierde importancia, prevalece la ideología o la percepción de que es un líder capaz, que puede contribuir al bien común, a pesar de existir diferencias ideológicas..

Claro está que la línea divisoria de estas tres predisposiciones no es clara ni grabada en piedra. Mucho se sobreponen, por ello las encuestas y los resultados electorales son de difícil predicción. Las estrategias para llegar al Poder dependen de la predisposición de los votantes. Los apáticos son normalmente una proporción constante del electorado, en ellos predomina el sentimiento y las emociones en sus decisiones, mientras que los reglados, que son una proporción más variable y diversa, son más susceptibles a la personalidad del líder y a sus propuestas, aunque también entra en juego la ideología. Los maduros usualmente representan una proporción menor y los líderes frecuentemente los ignoran.

Cuando hay balotaje, la proporción del electorado de cada uno de estos grupos es la que determina quién pasa a la segunda vuelta. Si la proporción de los apáticos es alta, se convierte en un voto "duro" para un candidato populista mesiánico y si a ese grupo se añade un buen porcentaje de los "ilusionados", un candidato elocuente, con promesas de "cambio" es seguro que llegue a la segunda vuelta y triunfe en las elecciones.

Las predisposiciones psicológicas no son muy arraigadas, las inclinaciones políticas dependen mucho de las imágenes de comportamiento adquiridas a muy temprana edad, aunque también varían con las circunstancias. Lo que en realidad existe es un espectro dentro del cual los votantes cambian, de acuerdo a las imágenes de comportamiento que a su vez pueden cambiar de acuerdo con las circunstancias históricas. Es por eso que en determinado momento la tendencia generalizada sea hacia líderes populistas o despóticos.

Hay que anotar, que los debates, aunque cambian muy poco las convicciones políticas, sirven para que los votantes se identifiquen con los candidatos. Es decir, para que las imágenes de comportamiento coincidan con las ideas y propuestas de los aspirantes al Poder. Por consiguiente, es importante conocer qué son y cómo surgen esas imágenes de comportamiento.

El papel de las imágenes de comportamiento

El comportamiento está regido por *imágenes*. Desde la infancia una multitud de educadores, padres, abuelos, maestros, sacerdotes, inclusive antepasados y condiscípulos que admiramos o detestamos, contribuyen a que nos comportemos de una manera u otra. Lo que se puede llamar "herencia social" opera aquí con una fuerza incomparablemente superior a la herencia física: la familia en donde nacemos, la patria a la cual pertenecemos, la carrera que elegimos, ejercen sobre nosotros una inmensa sugestión.

La aparición de unas actividades nuevas que vienen sin

cesar a añadirse a las antiguas, --con lo cual se implican nuevas maneras de comportarse y que necesitan la aceptación de aquellos mismos que no han sido directamente modificados--, nos ayuda a comprender del desconcierto funcional sobrevenido a finales del siglo XIX, acelerado por la Revolución Industrial y, actualmente, por el avance tecnológico en los medios de comunicación.

El papel de los medios de comunicación en la formación de nuevas imágenes de comportamiento no puede ser ignorado. Son propagandistas de opiniones, inspiradores de emociones, formadores o destructores de imágenes de comportamiento y por ello muy responsables, aunque generalmente inconscientes, de los cambios en las costumbres.

Otro protagonista del cambio es el agente de publicidad, obrero de la persuasión, haciendo que el público adopte unos remedios que bien pueden ser inoperantes y hasta nefastos o unas costumbres individual o socialmente nocivas (como fumar), o unos principios políticos destructores como la propaganda negativa. Las películas, las novelas, los programas de radio, todos los medios de comunicación social son agentes de cambio en las imágenes de comportamiento. Actualmente las llamadas *redes sociales* juegan un papel importante en las imágenes de comportamiento.

Confianza institucional y confianza interpersonal

La disposición de apáticos, reglados o maduros depende de cómo enfrenta el problema de la incertidumbre en las interacciones sociales. Esteban Laso Ortiz (2011) y otros psicólogos sociales mantienen que el cerebro humano está compuesto de módulos, con ámbitos específicos, especializados innatamente y que operan independientemente de otros sectores. Así, el lenguaje, el reconocimiento de rostros, han surgido del proceso evolutivo. De estos estudios. Laso concluye que existen rasgos como la tolerancia a la ambigüedad, creer que la sociedad opera como un reloj, el desdén hacia la política o la tendencia a aceptar escenarios conspiratorios.

Uno de los rasgos socio-psicológicos es la desconfianza, que a su vez es mutuamente dependiente de la estructura institucional. La confianza tiene que ver con el riesgo, con lo controlable o su ausencia y la coherencia entre palabra y obra. Aquello que es seguro carece de riesgo, este se presenta en condiciones de incertidumbre, no entraña imprevisibilidad total sino solo la imposibilidad de predecir ciertos aspectos importantes de una situación. La confianza sirve para reducir la complejidad de una sociedad, su potencial de desorden.

Las relaciones humanas –todos las vivimos a diario– se basan en confianza, miedo, poder, agradecimiento, etcétera. Y alrededor de esos sentimientos y valores siempre hay control[11]. El control es parte de la evaluación, positiva o negativa, de las relaciones humanas. Mientras más control crea que se necesite es porque hay más desconfianza en el comportamiento de los que nos relacionamos. Una relación marital tiene poco futuro si hay un control continuo fruto de la desconfianza. Una sociedad desarrolla menos su potencial (económico, humano, cultural, ético) si la desconfianza le obliga a levantar muros (imaginarios o reales) de control. La ubicuidad de la desconfianza resulta en una cantidad enorme de normas, procesos y reglas que deben ser mil veces repetidas, aunque, al final, esas sanciones no guarden ninguna relación con la "falta" cometida.

Hay una mutua dependencia entre la confianza entre personas y la confianza en las instituciones. Si confío en un extraño al formar una empresa y este me engaña, confío en que la policía o el sistema judicial lo castiguen. Si el sistema judicial falla se reduce el círculo de los que puedo confiar. Y así se cae en un círculo vicioso. Una carencia de confianza general sobre las instituciones formales puede fomentar la desconfianza interpersonal (no confío en la policía, por ejemplo), este aumento de desconfianza dentro del grupo conocido aumenta la desconfianza en las instituciones convirtiendo a ciertas sociedades a que sean cada vez más segregadas, más desiguales, más desconfiadas. Laso explica que existen tres ámbitos de confianza:

- La *institucional*, deposito mi dinero en un banco no porque conozca los comportamientos pasados del cajero sino porque confío en el banco y en el sistema bancario. La confianza institucional supone que el devenir social es su conjunto es predecible y en cierto modo controlable. La confianza institucional es abstracta, explícita y codificada. Confío en el Estado de derecho, las leyes, la administración de la justicia y las organizaciones de control
- La *interpersonal intergrupal:* acepto el billete de un extraño porque además de confiar en las instituciones financieras no tengo razón para desconfiar de aquel. Hago un negocio con un extranjero porque confío en que la transacción se llevará a cabo con toda honestidad, aun cuando desconfíe de la superintendencia o del organismo que la controlen. Esta confianza conlleva la sinceridad, transparencia y buena fe en extraños, más allá de nuestros allegados, forma parte de los procederes tácitos de un pueblo.
- La *interpersonal intragrupal*: monto una empresa con mi primo porque puedo confiar en él; comparte mi sangre, lo conozco desde niño, y lo seguiré viendo indefinidamente. Esta confianza es concreta, específica, me fío solo de los que conozco (mi familia, mi equipo de fútbol, mi iglesia, mi barrio).

La desconfianza aparece cuando ciertos autores (dentro o fuera del Poder) se conducen de maneras falaces, hipócritas o embusteras. La conducta deshonesta es refrenada por dos tipos de sanciones: las formales y las informales. La eficacia de las últimas depende de la reputación de los actores y es proporcional a la densidad y tamaño de los grupos sociales. Si la distancia social entre interlocutores no es muy larga, la información y la semejanza de los códigos morales es suficiente para mantener una cohesión social. Las instituciones formales sustituyen a las informales cuando la complejidad de las interacciones sociales supera ciertos límites que reducen la capacidad de transmitir la información necesaria de una manera expedita.

Las raíces psicológicas de los apáticos

Los apáticos tienden confiar más en las interacciones interpersonales intragrupal (dentro del grupo) que en las institucionales, pues consideran que estas son incapaces de controlar o sancionar a los infractores, de ahí su anomia. Entonces las transacciones se limitan a un círculo cerrado de parientes y amigos cercanos, cuya conducta es fácil de predecir porque se conoce su pasado, y en cierta manera se los puede controlar, reclamar sus errores o disuadirlos de actuar oportunistamente. A la larga nadie confía en nadie, nadie coopera con nadie y se asocia solo dentro de un círculo íntimo, a la vez que se desconfía de las instituciones porque son conscientes de la putrefacción del Poder. La desconfianza interpersonal propicia el engrosamiento del grupo de los apáticos. Las condiciones de desconfianza e inseguridad de los apáticos son terreno propicio para que aparezca el déspota: el que impondrá el orden en el caos de la desconfianza.

Las raíces psicológicas de los reglados

La desconfianza de los reglados se circunscribe más hacia la ineficacia de las instituciones informales que a las formales. Por ello, buscan más reglas, más órganos de control, más poder a la policía. Los reglados confían en la "mano dura" del gobernante, claman por la "ley y el orden". Para ellos, las instituciones existentes deben ser reemplazadas, comenzando por la Constitución. Junto a los apáticos, la predisposición reglada también propicia el encumbramiento del déspota.

La predisposición reglada es la más común en un electorado. La obediencia, la disciplina, cumplir con las normas, son parte de la educación que se recibe desde la infancia y que es, obviamente, un carácter esencial para el orden social. Estas imágenes de comportamiento también estructuran lo que se considera "bueno y malo". Por lo tanto, la estrategia que suele tener éxito en los de disposición reglada es *divide et impera*, el *maniqueísmo* consiste en crear imágenes de líderes "buenos y malos". Cuando estas imágenes de comportamiento se profundizan, los votantes no examinan si lo predicado es en realidad bueno o malo, si el líder cumplirá con la mayoría de sus promesas, y, hasta se "tragan ruedas de molino" sobre la verdadera situación socioeconómica o política. El eslogan "que se vayan todos" toma fuerza. La predisposición reglada se convierte en una cuasi-secta religiosa[12].

Si a esto se suma el desarrollo de sentimientos generales de inseguridad e ineptitud, y se cae en un patrón en el cual algunos asumen el papel del "padre" sobre los demás, la "mano fuerte" que impondrá orden y disciplina. Los reglados voluntariamente pasan a ser "niños" dependientes de tales personas, solo si con ello se aseguran que los resultados serán más favorables que si hubieran actuado independientemente. Este patrón de *co-dependencia* es patológico y generalmente deriva en procesos de decisión de mala calidad, que van empeorando cada vez más; y por ser un patrón patológico, en lugar de abandonar la co-dependencia se cae en una espiral viciosa, que si no se interrumpe lleva a resultados cada vez peores.

Alianza País como cuasi-secta religiosa

Es entonces cuando surge un grupo organizado que emerge en el seno de la sociedad con las intenciones de destruir las instituciones y valores y obligarles a asumir los de la secta. Estas tienen una estructura piramidal, una sumisión incondicional al líder, a quien se le debe una obediencia absoluta pues se considera que está predestinado a cumplir una misión que solo él puede lograr y crear. Al crecer la secta va adquiriendo una estructura dictatorial con una anulación de la crítica interna y prohibición del pensamiento.

Fabrican palabras, frases y consignas para descalificar a quienes no pertenecen a ella pues son considerados inferiores. *La patria ya es de todos*, la canción *Patria, tierra sagrada, ¡Patria*

Altiva y Soberana! fueron símbolos del gobierno de Correa para levantar el chovinismo de la población. Se usan vestimentas, como las camisas verde-azuladas de Alianza País, para identificarse y darse fortaleza de grupo; finalmente, hay prohibición de abandonar la organización y quien lo hace es severamente castigado.

El líder populista: centro de las esperanzas humanas

El principio de todo progreso es la búsqueda de escapar de las tres Furias: escasez, ignorancia e incertidumbre, es decir, el hombre busca alterar las condiciones y circunstancias de su entorno para mejorar su nivel de vida. Por eso llega a menudo a invocar la intervención de las potencias invisibles en los asuntos personales. ¿Por qué no pedir también la intervención de una potencia visible que sea lo suficientemente fuerte para llenar todos nuestros deseos y transformar toda nuestra vida? El cetro del rey podría percibirse como una varita mágica capaz de hacer un milagro por nosotros. Cuanto más grande sea el margen que haya entre los deseos despertados en el hombre y las realidades de su existencia, más vivas son las pasiones que exigen y traen al mago de la varita mágica. Esa es la imagen que proyectan los líderes populistas: ser dueños de la varita mágica.

El Poder no solamente es el centro de unas esperanzas egoístas, sino también el de unas esperanzas altruistas y anhelos de bienestar social. Las grandes innovaciones tecnológicas nos asombran, la humanidad en pocos siglos de existencia ha pasado de utilizar el humo y los tambores a los teléfonos celulares inteligentes. Entonces, es fácil imaginar la manera cómo el hombre, si tuviera todo el poder, reconstruiría el universo y así nos llenamos de esperanza en que la tecnología nos va a llevar a niveles de bienestar nunca soñados por nuestros antepasados. Por eso, muchos creen que el hombre también puede tener el poder de reconstruir el orden social, imponer deseos no solo sobre la Naturaleza y sino sobre las mismas acciones humanas.

Una de las maneras de evitar ambigüedades y reducir alternativas es presentarse como redentor, alguien con quien la masa puede identificarse. Eso se logra encontrando causas comunes como ganar una guerra (Churchill), restaurar la grandeza de un país (de Gaulle), derrotar el comunismo (Reagan), acabar con el capitalismo (Lenin) o algo más específico como eliminar las corridas de toros, o prohibir fumar. Lo importante es actuar --"hacer algo"-- para lograr el éxito de la causa común.

El socialismo: caldo de cultivo del autoritarismo

Para los socialistas "capitalismo" es mala palabra, si no se atiene a los postulados de su construcción mental entonces es "*neoliberalismo*" (otra mala palabra). Enrique Ayala Mora (2018), uno de los más conocidos socialistas del Ecuador, en su referencia al gobierno de la Revolución Ciudadana de Rafael Correa sostiene enfáticamente que eso no era socialismo sino capitalismo, "al contrario de su retórica, la administración de Correa optó por modernizar el capitalismo" [para lo cual se requería construir la infraestructura que necesita el capital para su florecimiento]. Y continúa: "[Pero] no hubo cambio social mayor, hubo crecimiento económico pero no cambio estructural significativo". También señala que el crecimiento del sector público fue un paso positivo, aunque excesivo. En otras palabras no era socialismo.

Socialismo es un sistema socioeconómico diferente, es un sistema de instituciones, de actitudes y forma de vida diferente, es otro tipo de sociedad. En la declaración de principios en el Congreso del Partido Socialista Ecuatoriano (PSE) de 1987 se sostiene que el partido está construyendo un socialismo enraizado en el país que sea autónomo, latinoamericano, antiimperialista. Además, que sea revolucionario para construir una nueva sociedad y un nuevo Estado, en donde la participación y el trabajo del pueblo serán los cimientos del poder y el bienestar de todos los ecuatorianos, cambiando las estructuras y eliminando las desigualdades y la injusticia. Supuestamente esta nueva sociedad también se sustentará en nuevos valores: lo *colectivo* sobre lo individual, la *solidaridad* sobre el *afán de lucro*, el buró planificador sobre la invisibilidad de la mano capitalista, la *naturaleza* sobre la codicia del *extractivismo*, la *cooperación* sobre la *competencia*. Dice así a un preclaro socialista:

> Si el socialismo va a ser una formación socioeconómica nueva —debo martillar esta premisa— entonces debe depender para su dirección económica sobre alguna forma de planificación, y su cultura sobre alguna forma de compromiso con la idea de una colectividad consecuentemente [el socialismo es un sistema] **moral**.[13]

El socialismo –como cualquier doctrina económica-- tiene que satisfacer las necesidades del consumo presente y reemplazar los bienes de capital que se van desgastando. El *cambio tecnológico* debe dirigirse de tal manera que no dañe el ambiente o extinga los recursos naturales. Y para progresar y crecer económicamente el consumo presente debe reducirse y el ahorro usarse para la inversión en nuevos bienes de capital. Como no se puede dejar estos procesos a merced de las fuerzas de mercado, hay que *comandar,* es decir, hay que realizar el esfuerzo consciente de dirigir, administrar, asignar, y para ello requiere de *burócratas,* de individuos no solo con conocimientos del caso (tecnócratas) sino *incorruptibles.* ¿No es el mayor problema legado por el correato la obesidad y corrupción de la burocracia?

Entonces, ¿cómo lograr que el sistema económico funcione? ¿Voluntaria u obligatoriamente? En el capitalismo los *impuestos*, las *regulaciones*, los *subsidios* son incentivos para que se lo haga voluntariamente[14]. El mercado no es solo un medio de obtener utilidades, es también un mecanismo para mejorar la condición del individuo, un medio para "buscar la felicidad". Pero en el socialismo tiene que haber obligatoriedad, y eso implica en cierta medida *autoritarismo*, pero mientras más extensas y profundas sean las actividades económicas que se excluyan del mercado más extenso y profundo el autoritarismo. El socialismo no puede eliminar el interés propio y subordinarlo al bien colectivo *voluntariamente*, por consiguiente tiene que hacerlo a la fuerza.

La obligatoriedad no se reduce a la actividad económica sino también se extiende a aspectos culturales. La cultura detrás del capitalismo ha sido calificada como *burguesa*. Los valores burgueses celebran y animan la idea de la individualidad. Inclusive en el triunfo de los deportes *colectivos* (como el fútbol) no deja de festejarse el valor individual. En el socialismo la cultura de la nueva sociedad debe ser diferente, debe celebrar, apoyar, y gestar lo *colectivo*. Si en el capitalismo la cultura se enfoca al logro *material*, en el socialismo la cultura debe enfocarse a los logros *morales* o *espirituales*. El problema como lo ve Heilbroner "radica en la dificultad que una cultura socialista pueda tolerar las actitudes políticas y sociales inherentes a la burguesía".

Los valores burgueses toleran la disidencia, permiten inclusive la subversión, las huelgas y las manifestaciones callejeras. En las universidades, en la prensa, en los movimientos políticos los individuos escriben, argumentan a favor hasta de la sedición o la secesión. ¿Por qué? Por el valor que se da a la individualidad, a la diversidad y a la pluralidad. Se podría hasta sostener que se debe a la *falta de significación moral* a las actividades económicas y políticas. No hay prevalencia de valores absolutos, lo que existe son opciones, proposiciones, pragmatismo y hasta utilitarismo. La democracia liberal se fundamenta sobre estos valores *burgueses*.

Por el contrario, si el socialismo se debe fundamentar sobre valores *morales*, surge la pregunta, ¿moralidad de quién? El *islamismo* es un sistema fundamentado en los valores musulmanes y son sistemas despóticos. Las expresiones en contra de un sistema moral son *blasfemias*, no se pueden tolerar la oposición o la disidencia porque destruirían el sistema. **En el liberalismo el individualismo no es destructivo del sistema, en el**

socialismo sí.

Como la sociedad socialista aspira a ser *buena*, todas las decisiones y todas las opiniones están obligadas a ser morales. Por lo tanto, cualquier desavenencia, cualquier desacuerdo que cuestione la *moralidad* del sistema, no solo su eficiencia o eficacia económica, sino su validez ética, serían *inexorablemente* reprobables y por tanto *punibles*, sería semejante a una herejía digna de la excomunión o del cadalso.

En conclusión, el socialismo llamémoslo utópico o idealizado que no quiere confundirse con el capitalismo, conduce irremediablemente a un sistema despótico, autoritario, disfrazado de moralismo que cuando se quita la vestidura y quedan al desnudo, los resultados son atroces e inexorablemente desastrosos.

Cuando el socialismo utópico, como el del siglo 21, trata de construirse en la realidad, tanto en Cuba, como en Venezuela, Nicaragua o en el Ecuador dejan una economía en camilla, los valores morales y culturales en continuo deterioro y una institucionalidad en caos.

Los espejismos de la utopía

Desde el momento en que el intelectual imagina un orden sencillo, sirve al crecimiento del Poder, pues el orden que existe es complejo, reposa sobre una cantidad de soportes, autoridades, sentimientos y factores muy diversos. Si se quisiera sustituir a todos esos respaldos por uno solo, se necesitaría una voluntad muy potente para que, en lugar de todas esas columnas bastase una solamente. Esa única voluntad no podría ser más que el Poder. El pensamiento construccionista conduce necesariamente al reforzamiento del autoritarismo, y nunca con más seguridad que cuando se derriban a todas las autoridades; pues la autoridad es necesaria, y cuando vuelve a levantarse, es necesariamente bajo su forma más concentrada.

¿Paradójica la asociación del filósofo con el déspota? No. El Poder no parece nunca demasiado despótico al intelectual teórico mientras crea que esa fuerza arbitraria sirve sus deseos.

Solo así se explica que un Javier Ponce, poeta político, o un Fernando Bustamante, profesor de pensamiento liberal, hayan sido defensores de un sistema autoritario y de un "idealizado proyecto político".

Así, el filósofo crédulo trabaja para el Poder, alabando sus méritos, hasta que el Poder le haya desilusionado, estallando entonces en invectivas, pero sirviendo siempre la causa del Poder en general, puesto que puso su esperanza en una aplicación radical y sistemática de sus principios, de lo que solamente un gran Poder es capaz.

El ideal soñado de un orden absolutamente geométrico y absolutamente rígido conspira perpetuamente a favor del Poder. De manera que, al fin, el pensamiento utópico proporciona al Poder la más eficaz justificación de su crecimiento. Cuando se dice egoísta, encuentra resistencia de todo lado. Pero cuando se proclama altruista y visionario, adquiere una transcendencia tal, que le permite inmolarlos a su misión y anular todo obstáculo en su marcha triunfal.

La presencia y extensa aceptación de teorías utópicas de una sociedad que exige perfección y cree que es posible lograrlo es un presagio de autoritarismo. La mayor parte de las tiranías del siglo 20 se puede atribuir a teorías popularizadas de la ciencia y la fe en que es posible construir una sociedad ideal; tanto el nazismo como el comunismo buscaban refundar la sociedad basándose en el "superhombre alemán" o el "hombre nuevo" que dejaría de ser competitivo y se transformaría en hombre solidario. El líder político indígena Yaku Pérez dice no ser comunista sino "comunitarista·", es decir, cree en que los indígenas precolombinos primaba la solidaridad y el trabajo comunitario, ignorando que el Incaico era un sistema tiránico, como lo demuestra Germán Morong Reyes (2019)

CAPÍTULO 2: CORREA LLEGA AL PODER

◆ ◆ ◆

En las aulas de la Universidad San Francisco de Quito, Rafael Correa enseñaba economía con tendencia keynesiana, aunque su tendencia socialista afloraba al final de sus mensajes de correo electrónico en los que alababa a los comandantes Che y Chávez. Su oposición a la dolarización le llevó a hacer amistad con Alberto Acosta, Eduardo Valencia, Fander Falconí y otros líderes intelectuales del socialismo en el Ecuador. Fue nombrado ministro de Economía y Finanzas por el presidente Alfredo Palacio. Desde allí expulsó a la empresa petrolera Occidental (OXI) por supuesto traspaso de acciones a una empresa canadiense, sin el visto bueno de las autoridades ecuatorianas[15].

El ascenso de Correa no fue un acontecimiento fortuito, fue parte de un plan exquisitamente ejecutado y que fue aplicado primero en Venezuela, así como en Bolivia, Nicaragua y algunos países del Caribe. Este plan fue elaborado por el conocido Foro de Sao Paulo, Brasil.

El plan del Foro de San Pablo

Después de la caída del Muro de Berlín y el desmembramiento de la Unión Soviética los socialistas habían renunciado a tomar el poder por las armas. Excepto por las FARC en Colombia, habían sido derrotados como en Perú o habían hecho pactos como en El Salvador. Ante esta situación, los partidos y grupos de izquierda latinoamericanos fundaron el **Foro de San Pablo**[16] en 1990. De acuerdo con sus fundadores, el Foro fue constituido para reunir esfuerzos de los partidos y movimientos de izquierda, para debatir sobre el escenario internacional después de la caída del comunismo (socialismo real) y los triunfos del neoliberalismo en los países de Latinoamérica y el Caribe. Este Foro marcó una ruta a seguir, utilizando los medios democráticos existentes como las elecciones, cambios constitucionales y reformas judiciales, para apropiarse del Poder y establecer gobiernos autoritarios.

El *proyecto político* se inicia con el triunfo en las elecciones. Para llegar al Poder era necesario poner énfasis en (1) el fracaso del neoliberalismo, (2) la falta de capacidad de las élites para mejorar la vida del pueblo, (3) enlucir las desigualdades sociales y avivar el resentimiento y la envidia, (4) la ineficacia de los partidos políticos –llamada *partidocracia*-- para gobernar el país, (5) la ingobernabilidad y debilidades de las instituciones democráticas.

El siguiente paso es una Asamblea Constituyente para redactar una nueva Constitución por medio de la cual se daría al Ejecutivo poderes para reformar el sistema judicial, cooptar las instituciones de control y construir los mecanismos para perpetuarse en el Poder. Luis Fernando Torres (2009) califica este modelo como Presidencialismo Constituyente, y en su libro reseña en detalles el proceso seguido en el Ecuador.

La ejecución del plan

En Venezuela las condiciones económicas eran desastrosas, dos partidos políticos se turnaban en las elecciones mientras que crecían la pobreza y la desigualdad. Después del tristemente célebre "caracazo", había surgido el Coronel Hugo Chávez como líder de una regeneración política y de una deseada justicia social y refundar el país de acuerdo a la visión de Simón Bolívar. Daniel Ortega era conocido, había sido presidente de Nicaragua durante el gobierno sandinista. Evo Morales tampoco era desconocido en la política boliviana. En cambio, Rafael Correa era prácticamente un desconocido. No había participado directamente en ninguno de los movimientos sociales, aunque estuvo presente en las manifestaciones de los "forajidos" que lograron la destitución de Lucio Gutiérrez.

De acuerdo a Daniela Salazar (2015): *Existían debilidades… pero no era imperativo reinventar nada. Bajo la Constitución de 1998, Ecuador era ya un régimen constitucional, con una gama importante de derechos reconocidos en la Constitución, con garantías jurisdiccionales para esos derechos, con aplicabilidad directa de los tratados e instrumentos de derechos humanos… La única justificación aparente para esta refundación institucional parecería ser la necesidad de control absoluto de los poderes.* **Fue una cuestión premeditada**" *(énfasis mío).* Las condiciones económicas eran halagüeñas, aunque cundía una gran insatisfacción en la clase política.

A pesar de las marcadas diferencias circunstanciales en los países, hay mucha similitud en los procesos que llevaron al Poder a Hugo Chávez, Evo Morales, Daniel Ortega, Rafael Correa: ganaron las elecciones las elecciones iniciales. Después violaron muchas normas electorales para perpetuarse en el Poder. Sus objetivos fueron claros: obtener el Poder, refundar el país mediante la expedición de una nueva constitución e instaurar un socialismo diferente al socialismo real de la Unión Soviética, uno más cercano a las socialdemocracias de Occidente –al menos como lema de campaña-- y, eufemísticamente, llamarlo *Socialismo del Siglo 21.* Con esa tónica común Correa gana las elecciones en un balotaje contra Álvaro Noboa, un empresario multimillonario que estaba intentando a llegar por tercera vez a la Presidencia.

El papel del electorado en el triunfo electoral de Correa

Refiriéndose al gobierno de Correa dice Felipe Burbano de Lara (2014): "La facilidad con la que el Gobierno de la revolución ciudadana impone sus decisiones y su forma de conducción del Estado, sin encontrar mayores resistencias en la población, me lleva preguntar a) si hay una indiferencia de la ciudadanía frente a la política, b) si la ciudadanía apoya ampliamente las decisiones del gobierno, o c) si estamos frente a la consolidación de un modelo de dominación política que nos ha domesticado a todos y nos ha hecho bastante obedientes frente a quienes ejercen el gobierno hoy".

Como se dijo anteriormente, el triunfo electoral depende de la proporción que exista en la población de acuerdo a la predisposición psicológica de los votantes. Los aquí llamados apáticos viven una combinación de indiferencia y dominación. Para Burbano de Lara los indiferentes prefieren vivir "en la comodidad de su espacio privado, sin involucrarse en la conducción y en la gestión pública... Este contingente se alimenta de la prosperidad económica y social gracias a los inmensos recursos del Estado". Gabriel Hidalgo Andrade (2018) los llama votos duros populistas y dice que "hay un 26 por ciento... que no distingue de ideologías, que es tendiente a justificar el autoritarismo y que necesita conectarse a un caudillo que encauce las demandas de desagravio social y revanchismo popular. [Este porcentaje] quiere decir que ese es un espacio electoral que regularmente lo ocupa alguien que se vende como un mesías predestinado a salvar la patria, que encaja con el patrón autoritario que busca ese tipo de elector. Quiere decir que el voto populista no distingue de ideologías y es una constante en nuestro sistema electoral, disponible solo para quienes sepan cómo encontrarlo".

Los de predisposición reglada se podrían considerar lo que Hidalgo Andrade sostiene con respecto a la militancia correísta y de Alianza País que "estimulada por el manejo y control del Estado, por sus éxitos electorales, por el ideal de un proyecto de transformación de las estructuras de poder, alimentada de un espíritu de lucha de clases, de oposiciones populistas radicales, que no cree en las veleidades de la sociedad burguesa capitalista, clasista y liberal, y apuesta a una transformación popular y carismática de la sociedad ecuatoriana. Todo un contingente de organizaciones sociales, populares y clase media politizada alimenta este proceso desde una lógica populista, seguidora del líder, con fe en el líder, y que no se cuestiona su participación en el proceso; simplemente apuesta y aplaude la iluminación y las decisiones del caudillo y su círculo de confianza".

Los de la predisposición madura en el caso ecuatoriano habían bajado la cabeza, convencidos de que cualquier esfuerzo crítico y de movilización es inútil, desoído y hasta ridiculizado. Aunque, algunos de ellos se reunían en la avenida Shyris de Quito o en la av. 9 de octubre en Guayaquil, su número era minúsculo. Un día el alcalde de Guayaquil, Jaime Nebot, llegó a movilizar 300 mil personas, pero que con relación al electorado es apenas el 2 por ciento. Esto nos da una idea de la importancia que tuvo la predisposición psicológica de los votantes en el ascenso de Correa al Poder.

La obnubilación de la izquierda

El Poder es un espejismo porque se supone que quienes tienen el mando pueden utilizarlo para generar bienestar social. Propiamente, el espejismo no sería el poder (que existe indiscutiblemente) sino la *creencia* de que puede servir para mejorar las condiciones de vida de las personas. Por ello se busca a alguien con capacidad de decisión, fuerza, valentía y visión de futuro, alguien que sepa a dónde ir y a dónde llevar a sus conciudadanos, en resumen, alguien que simplifique problemas difíciles, como si el conflicto no radicara en la naturaleza del ejercicio del Poder sino en la calidad de los líderes.

No se puede negar que, como afirma Luis Verdesoto (2018), "nunca hubo un proyecto nacional, un acuerdo consensuado entre los principales actores políticos: la democratización se redujo a una concepción *estatista* de la política, en la que el Estado, además de promotor de las relaciones sociales a través de la política pública, se convertía en el responsable de la política como destino necesario de la representación, [aunque se intentó] la representación moderna de los partidos [nunca se consolidó] y tampoco fue la cristalización de un acumulado histórico de procesos, procedimientos y valores".

Las razones se pueden resumir de la siguiente manera. Existe un *ethos* político inmanente del pueblo ecuatoriano caracterizado por: la desconfianza generalizada hacia otros miembros de la sociedad que no sea su familia, hay una falta de tolerancia a la opinión ajena, se irrespeta la ley, y se cree que se puede controlar y modificar las estructuras políticas, económicas y sociales "desde arriba". Es decir, que con leyes y normas jurídicas y políticas económicas de Estado se puede alterar el comportamiento de los individuos, ignorando que las personas conllevan un legajo de valores culturales, un set de imágenes de comportamiento, entre ellos su propensión al mesianismo y al populismo.

Líderes de los partidos tradicionales de izquierda, de los movimientos sociales y ambientalistas, inclusive de derecha, han caído en la trampa de lo que se puede llamar el *construccionismo* o ingeniería social[17]. A los cantos de sirena del socialismo: la redistribución equitativa de la riqueza, la justicia social, se añadió uno en particular, la *democracia participativa*. Cuya ejecución se plasmó en el Consejo de Participación Ciudadana y Control Social (CPCCS) que resultó uno de los mecanismos más útiles para el establecimiento del despotismo.

Las ideas socialistas de la Revolución Cubana habían encandilado a los izquierdistas no solo ecuatorianos sino también una mayoría de latinoamericanos fueron, como observa Hurtado (2017): "seducidos por las posiciones revolucionarias del caudillo venezolano Hugo Chávez. Políticos, intelectuales, poetas, periodistas de prensa escrita, radial y televisiva, forjadores de opinión, tecnócratas, sindicalistas, indígenas, jóvenes, activistas de la sociedad civil, cristianos de izquierda y partidos marxistas o neomarxistas, incluso algunos de posturas ideológicas moderadas, vieron en el modelo electoral, político y económico venezolano la posibilidad de reinventar las alicaídas ideas socialistas-estatistas". Y, como sostuve anteriormente, el socialismo, sobre todo cuando es utópico, es un caldo de cultivo para el advenimiento de líderes de "mano fuerte" y fue así cómo muchos políticos moderados apoyaron al candidato Rafael Correa, que se había convertido en un pupilo de Chávez

Nada más emblemático que lo ocurrido con los miembros del Movimiento Ruptura 25. Salieron a la luz a principios de 2008, cuando en una presentación en el edificio de la antigua Universidad Central expusieron la corrupción de los últimos 25 años y se preguntaron: ¿Quién jodió al país? y ¿Cómo salimos de esta? El grupo adquirió protagonismo en la escena política al formar parte en 2005 de la rebelión de los "forajidos", que derrocó al presidente Lucio Gutiérrez. Se presentaron como gente joven, enarbolando la bandera de la lucha contra quien encarnaba —según ellos— el abuso del Poder y la corrupción. Sus voces llenas de indignación encarnaban la lucha final entre la política supuestamente ideal y la decadencia del mal uso del Poder. Desgraciadamente, una vez que llegaron al Poder, en alianza con el Movimiento PAIS, se esmeraron en un lenguaje de juventud idealista y moralista arroparse en las muletillas revolucionarias de la socialización y la gobernabilidad. Se abrieron sus ojos cuando Correa decidió "meterle mano a la justicia". Hoy son parte importante de la administración de Lenín Moreno.

El ascenso de Correa: el déspota

El plan de Sao Paulo se ejecutó magistralmente en el Ecuador. Rafael Correa dio prueba de su desprecio hacia la "partidocracia", representada por el desprestigiado Congreso Nacional, al anunciar que su movimiento político Alianza País no lanzaría candidatos a diputados. Su despotismo se hizo patente desde el día en que tomó posesión del cargo. No juró defender la Constitución vigente, juró únicamente respetar el mandato de sus electores. Con esto daba inicio a una democracia plebiscitaria, que como dijimos, era lo que en su concepción política legitimaba su actuación como gobernante. Acto seguido, convocó –mediante decreto ejecutivo– a una consulta popular para cumplir con su promesa de campaña de convocar a una Asamblea Constituyente de "plenos poderes" para poner fin a una carta política que, según él, era un "asco", y refundar el país de acuerdo a las instituciones socialistas diseñadas en el Foro de Sao Paulo.

La convocatoria era claramente inconstitucional pues se requería una aprobación previa por el Congreso, además de que no constaba la figura de la Asamblea Constituyente en la Constitución de 1998. Lo que sí estaba claro es que uno de los propósitos de la convocatoria era poner fin al Congreso que podría oponerse a sus designios, pues sin legisladores estaba a merced de la oposición que impediría las leyes que él necesitaba para la transformación del país.

El Tribunal Supremo Electoral (TSE) sería el encargado de fijar fecha a que se realice la consulta popular. Ante la actitud dubitativa de sus miembros, Correa también amenazó con sustituirlos. Ante la amenaza, los integrantes[18] acordaron enviarla al Congreso para su aprobación. La mayoría que aprobaría la consulta fue conformada los diputados de los partidos de Izquierda Democrática (ID, socialdemócrata), Partido Roldosita Ecuatoriano (PRE, populista), Pachakutic (PK, indigenado), MPD (comunista), algunos independientes, dos de la UDC (de centro derecha) y los de Sociedad Patriótica porque el expresidente Gutiérrez se había ilusionado en que ganaría la mayoría de los constituyentes. Correa también amenazó que si el Congreso no aprobaba la consulta, él lo haría de todas maneras.

Ante el temor de que la Constituyente cerrara el Congreso, los congresistas enmendaron la consulta para que no se alteraran los períodos para los cuales las autoridades habían sido electas. Esto violentaba el deseo de Correa de una Constituyente con "plenos poderes", por lo que Correa convocó a la Constituyente, con la aprobación de cuatro integrantes del TSE y una sola excepción, la de Andrés León representante de la UDC.

Ante esta decisión del Tribunal Supremo Electoral, cincuenta y siete congresistas votaron sustituir a Jorge Acosta, presidente del TSE. En represalias, este procedió a destituir a los congresistas, suspender sus derechos políticos por un año, aduciendo que estaban interfiriendo en el proceso electoral, violando el artículo 143 de la Ley Orgánica de Elecciones, que les entregaba esa facultad.

Los diputados destituidos, *cuya reincorporación había sido ordenada por el Tribunal Constitucional*, intentaron ingresar al Palacio Legislativo pero fueron impedidos por la Policía Nacional, turbas callejeras de Alianza País, del MPD y de la Federación de Estudiantes Universitarios (FEUE). En el ínterin, el ministro de Gobierno, Gustavo Larrea, había logrado reunir a 21 diputados suplentes, quienes fueron conocidos como los "diputados de los manteles", por la manera en que se cubrieron cuando fueron descubiertos por la prensa en una hostería cerca de Quito. Estos diputados subidos a un bus policial que les aseguró su ingreso a las instalaciones del Congreso a las cinco de la mañana.

Cincuenta diputados apelaron al Tribunal Constitucional que sentenció a su favor. No faltaron las huestes gobiernistas en atacarlos y con amenazas de "que los iban a lanzar desde el balcón y luego quemarlos". La nueva mayoría en el Congreso decidió frenar, de una vez por todas, este proceso y destituyó a los jueces constitucionales, quienes también interpusieron una queja ante la Comisión Interamericana de Derechos Humanos (CIDH).

Esta sentenció el 23 de agosto de 2013 que: "Esta Corte determinó que la destitución de las víctimas fue el resultado de una decisión que atentó contra las garantías judiciales, la independencia judicial, la permanencia en el cargo y la protección judicial. La Corte tiene en cuenta que la garantía de permanencia o estabilidad en el cargo de todo juez, titular o provisional, debe operar para permitir el reintegro a la condición de magistrado de quien fue arbitrariamente privado de ella.... Por ello, la Corte fija la cantidad de US$ 60.000,00 (sesenta mil dólares de los Estados Unidos de América) como medida de indemnización para cada una de las víctimas. Esta suma debe ser pagada en el plazo máximo de un año a partir de la notificación de la presente Sentencia."

En resumen, Correa llegó democráticamente y luego se convirtió en déspota. Ejerció al Poder a su antojo, violó claramente la vigente Constitución y las leyes, no respetó ningún debido proceso, recurrió al amedrentamiento de fuerzas de choque para lograr sus fines. Fue un golpe "al" Estado más que un golpe de Estado. Desgraciadamente, este desmantelamiento institucional fue realizado sin ningún rechazo ciudadano, lo cual permitió que Correa llegar al Poder y gobernar sin ningún contrapeso político.

En abril de 2007, se realizó la consulta para la elección de una Asamblea Constituyente, cuya aprobación se realizó con 80 por ciento de la votación. En septiembre de 2007 se eligieron los Asambleístas Constituyentes, de los 130 curules en disputa, 80 fueron para Alianza País, seguidos de 19 escaños para Sociedad Patriótica, 8 plazas para el PRIAN y el resto para independientes o de otros movimientos políticos. Un año después se ratificó por vía de referéndum una nueva carta política, que llegará a ser conocida como la Constitución de Montecristi. En estos resultados influyeron muchos los medios de comunicación, publicidad y propaganda de los que, al llegar al Poder, Correa abusó.

La malicia y el Poder

Es común escuchar que los líderes políticos son embusteros. La evidencia histórica y universal confirma esta afirmación. "Es que la naturaleza propia del ejercicio del Poder, contamina a quien lo ejerce, de tal manera que ningún líder puede sobrevivir como tal sin engañar o manipular a otros (tanto a sus seguidores como a sus opositores) y esto lo hace deliberadamente. Liderazgo político y picardía van de la mano en todo tiempo y en todo lugar o, como diría el periodista ecuatoriano Diego Oquendo (2009) ´ ...todos los políticos son igualitos. Eche una mirada al pasado y verá que casi, casi, no hay diferencia´. Dicho de otra manera, el líder tiene que ´tener estómago´ para ejercer la autoridad (legítima o no). Por ello muchas personas de alta categoría moral desdeñan la participación en la política". Pero no todos los políticos son iguales, unos mienten y engañan más que otros, entre estos Correa.

Investigadores de la Universidad de Columbia[19] afirman que el poder no cambia la psicología sino la fisiología asociada con el estrés. Los que ejercen el Poder muestran un aumento de testosterona y una reducción de la hormona *cortisol*[20]. Un nivel alto de testosterona reduce el umbral de actos riesgosos mientras que los niveles bajos de cortisol reducen el estrés y *aumentan la propensión a engañar* y el miedo a la exclusión social. Tal vez por esas disposiciones a engañar personas de carácter moral *íntegro* no les gusta incursionar en la política. O tal vez se deba a que su testosterona sea baja y su nivel de cortisol sea alto. El nivel de estrés (cortisol) depende del temor al ostracismo, que a su vez es derivado del orden moral imperante.

Un comportamiento inmoral –como mentir-- es estresante; la mendacidad, la hipocresía, la apropiación de recursos ajenos, la desconsideración de los sentimientos de otros, conllevan sentimientos de culpa fisiológicamente asociados un alto nivel de cortisol. Una reducción de esta hormona inmuniza al gobernante del arrepentimiento y lo blinda contra los miedos a las consecuencias. En otras palabras, el Poder premia la deshonestidad con el placer.

Se ha popularizado el aforismo de Lord Acton: "El poder corrompe y el poder absoluto corrompe absolutamente". ¿Es esto verdad? Anécdotas u observaciones por sí solas no son suficientes para establecer inequívocamente que el poder corrompe.

Lo que sí parece demostrable es que la diferencia radica

entre estar en una *posición* de poder y el *sentimiento* de poder. El que tiene una posición de poder no necesariamente lo usa con propósitos egoístas o malévolos, pero el que tiene una posición de poder y se *siente poderoso,* sí tiende a abusar. El poder desinhibe, tiene el mismo efecto que el alcohol, lleva a actuar impulsivamente y a debilitar el compás moral de la persona. El sentimiento de poder también puede aumentar la hipocresía; es decir, la tendencia a condenar a otros por violar las normas cuando ellos mismos lo están haciendo. Su comportamiento también está afectado por los deseos y ambiciones de su círculo íntimo que lo aplauden y endiosan porque medran de la cercanía al líder.

¿El poder absoluto corrompe absolutamente?

Los que están en posiciones de poder absoluto, es decir, en control casi completo sobre otros, no tendrían razón para abusar, puesto que no necesitan hacerlo, y más bien entrarían en su comportamiento consideraciones de sentimientos de bondad, generosidad o magnanimidad. Para que *el poder absoluto corrompa absolutamente debe estar acompañado de una falta de integridad moral*[21]. Pero esto depende de cómo sea la situación del Poder en la que se encuentra el líder. Si cree que puede actuar impunemente, si cree estar por encima de la norma, sin tener que sufrir las consecuencias, el que ya era deficitario de moralidad, abusa al máximo su posición de poder. Frecuentemente, si antes de llegar al poder violó normas, o se burló de las convenciones sociales[22] o actuó de manera autoritaria o deshonesta *antes* de llegar al Poder, es porque seguramente creyó *tener derecho* a su conducta y, entonces, cuando llega a posiciones de poder y se siente poderoso el factor debilitante de las inhibiciones es extremadamente potente. Y si su percepción es que no *merece* la posición de poder, tiende ser más agresivo y dominante para ocultar su inferioridad y aún más bravucón si los subalternos les rinden pleitesía[23].

También se ha estudiado que el poder lleva a actuar de una manera egoísta cuando se lo siente como una oportunidad más que cuando es un comportamiento responsable. Es decir, la atracción del poder puede deberse a las oportunidades que puede ocasionar. Es evidente que aquellos que están especialmente interesados en ganar acceso al poder son los que más probablemente terminen teniendo poder y los que mantengan el poder son probablemente los que usan las oportunidades para avanzar sus propios intereses. De tal manera que el aforismo de Lord Acton debería ampliarse para indicar también el reverso de la causa. *El poder corrompe pero también muchos corruptos buscan llegar al Poder.*

Finalmente, los gobernantes recurren también al cambio de reglas para lograr sus fines. Aunque todo proceso de cambio institucional es lento, los líderes más efectivos han sido aquellos que lograron "burlar" las reglas, modificándolas, para lograr sus objetivos. Los gobernantes del socialismo siglo 21 tienen en común la elaboración de una nueva constitución en cada uno de sus países, para concentrar su Poder.

Una Constitución a la medida del déspota

La Asamblea asumió el mandato de redactar una nueva Constitución. Recibió "plenos poderes", que en la práctica fueron poderes absolutos subordinados a Corea, facultades que no estaban contempladas en el Estatuto. Su objetivo fue emitir normas y resoluciones necesarias para estructurar un marco institucional muy de acuerdo a la doctrina del *neoconsitucionalismo* (Torres, 2009).

Los candidatos a la Constituyente fueron escogidos por su ideología socialista concebida en el Foro de Sao Paulo, no hubo pluralidad ideológica ni política; en su mayoría fueron *aliancistas*, jóvenes, con poca experiencia política, deficientes conocimientos de economía y nula formación jurídica; simplemente animados por sus ideales revolucionarios de izquierda.

Fueron los conceptos ideológicos del neoconstitucionalismo y las circunstancias históricas las que dieron lugar al avance del socialismo del siglo 21, dentro de un proceso histórico lleno de irregularidades, violaciones constitucionales e implantación a la fuerza de un proyecto político autodenominado Revolución Ciudadana. Ya era evidente la disposición autoritaria de Rafael Correa pero la Constitución de Montecristi facilitó la cooptación de las nuevas instituciones por parte del Ejecutivo.

Cualquier análisis que se desee hacer de un texto de 444 artículos —la más extensa del mundo después de la de la India— es necesariamente vasto, por lo cual me limito a relievar las partes que dieron potestad constitucional para el despotismo de Correa, aunque cuando no le convenía la violentaba según su parecer. O, muy de acuerdo con su concepción de democracia plebiscitaria, llamaba a referendo los cambios que fueran necesarios.

La Constitución de Montecristi, tanto el preámbulo como las partes dogmática y orgánica establecen instituciones desconocidas en otros países, es compleja, desarticulada, con errores gramaticales. En su elaboración participaron los académicos del Centro de Estudios Políticos y Sociales (CEPS) de la universidad española de Valencia, quienes fueron acusados de la alteración de los textos a última hora con trampa y mañosería, cambios hechos "entre gallos y medianoche" que no fueron aprobados por la Asamblea, como lo señalaría a su tiempo el exvicepresidente León Roldós.

Correa sostuvo que la nueva constitución duraría 300 años pero sus detractores afirmaban que era fuente del autoritarismo, del caudillismo y de la creciente concentración de poderes. Enrique Ayala Mora (2018), un conocido socialista, sostiene que: "A estas alturas ya no es novedad afirmar que la Constitución de Montecristi contiene una contradicción básica y radical: en su parte dogmática consagra principios democráticos y avanzados, amplios derechos y garantías, mientras en su parte orgánica consagra un sistema antidemocrático, que niega la división y balance de los poderes, establece un poder único y autoritario en la presidencia de la República, que somete a las demás funciones del estado, que niega el principio democrático de la representación, y pretende estatizar la sociedad, atropellando sus instituciones representativas".

La novelería del Buen Vivir

La Constitución introduce el concepto del Buen Vivir (*Sumak Kawsay*), define el sistema como Estado de "derechos", en lugar del clásico Estado de Derecho. La diferencia es crítica. En el Estado de Derecho, se considera que en toda sociedad existen unos derechos que anteceden al Estado, lo cual implica que el gobierno está limitado por ellos y solo es su custodio. En el Estado de Derechos, estos se originan en la parte dogmática de la constitución. Por ejemplo, fue novedoso que se concediera "derechos a la Naturaleza".

El criterio del Buen Vivir es ubicuo en esta Constitución. Se tuvieron que estructurar normas e instituciones para la planificación participativa, para los sectores estratégicos, para los servicios y empresas públicas, la soberanía alimentaria, la soberanía económica, el trabajo y la producción. El afán innovador dio como resultado un enjambre de ambigüedades, vacíos y hasta contradicciones, abriendo las oportunidades para la discrecionalidad.

El Estado de "derechos"

En el constitucionalismo clásico liberal, la Constitución "limita" el poder de la autoridad. En cambio en el neoconstitucionalismo, no existe limitación, pues los derechos no preceden al Estado, **nacen con la constitución**; los derechos y sus limitaciones se ocasionan mediante plebiscitos, pues solo en el pueblo se origina el Poder. Esto requiere que se use la *socialización* como coartada para ejecutar medidas gubernamentales.

Aunque no se entiende bien el significado de este concepto, lo importante es un alejamiento del *estado de derecho* desarrollado a lo largo de la historia europea, en particular, de la revolución *Gloriosa* de Inglaterra y de la Revolución Francesa. El estado de derecho, según la tradición, significa el sometimiento de la autoridad a la ley y la prevalencia de los derechos de las personas sobre el interés del Estado. En el *estado de derechos*, todo poder, público o privado está sometido a la Constitución, según Diana Salazar (2015): "[El Estado de derechos] es un concepto en construcción, lo cual permite que los jueces y cualquier otra autoridad a cargo de determinar su significado... en tanto que posibilite diferenciarse de... las democracias liberales.... Ha significado la pérdida de toda certeza jurídica... y ha abierto espacios infinitos de discrecionalidad en las autoridades públicas". Y, consecuencia de ese nuevo andamiaje de derechos es la *inseguridad jurídica,* que limita y reduce el potencial de inversión económica y financiera, pues aumenta el *riesgo país*.

En ausencia de plebiscitos, el ejercicio del Poder está limitado por la participación ciudadana. Ante años de descrédito de los partidos políticos y de las pugnas entre Ejecutivo y Legislativo que impedían la gobernabilidad, los constituyentes de Montecristi idearon la creación de otro poder, en el cual la ciudadanía no-política y cívicamente responsable, participaría en una forma fuera de la tradicional política ecuatoriana y desconocida en el mundo (a excepción de Venezuela, en donde nació la idea). Esto se consagró en la llamada Función de Transparencia y Control integrada por el Consejo de Participación Ciudadana y Control Social (CPCCS), la Defensoría del Pueblo, la Contraloría y las Superintendencias.

Otro cambio institucional es la composición de la *Función Electoral:* conformada por el Consejo Nacional Electoral (CNE) y el Tribunal Contencioso Electoral (TCE), El otrora Tribunal Supremo Electoral (TSE), que era la única autoridad, estaba compuesto por siete representantes de los partidos políticos más votados. Ahora, en las dos instituciones se los selecciona a través de concursos organizados por el Consejo de Participación Ciudadana (CPCCS). Este requisito, en la práctica, es una violación al principio de independencia de poderes, pues el CPCCS sería cooptado por el gobierno y quienes a su vez cooptarían la función electoral, razón por la cual las denuncias de fraude proliferaron en las últimas elecciones, que legitimaban al gobierno autoritario de Correa.

La ampliación de los poderes del Ejecutivo (hiperpresidencialismo) es quizás la más perversa de las novelerías de la Constitución. El Ejecutivo designaría a los directivos del CPCCS escogidos mediante concurso público y el CPCCS, a su vez, los de las instituciones estatales –como el Fiscal General de la nación, el Contralor general del estado, entre otros-- lo que antes hacía el Congreso. El resultado de este nuevo poder fue la concentración en las manos del Poder Ejecutivo en la designación de autoridades. El nefasto CPCCS dio lugar a que Rafael Correa declarara un día *El Estado Soy Yo,* pues disponía de una estructura estatal para su uso personal y su comportamiento cuasi-dictatorial.

La discrecionalidad creada por el concepto de estado de derechos dio como resultado la prolijidad de consultas populares. Una de las cuales permitió que Correa "meta la mano en la justicia", como él mismo proclamó. El resultado fue un nuevo Consejo de la Judicatura y el nombramiento de jueces acorde a los deseos del Poder Ejecutivo. Algunos grupos, como el de Ruptura 25, rompieron su alianza con Rafael Correa porque advirtieron del poder excesivo que se le concedía.

De esta manera también Correa "enmendó" la Constitución para que exista la reelección indefinida, aunque tuvo que proponer una disposición transitoria que postergaba la vigencia de la reelección indefinida hasta el año 2021; y eso porque la popularidad del expresidente se había deteriorado y la opinión popular estaba en contra.

El poco respeto que Correa tenía hacia las normas hizo que en más de una ocasión, como afirma Hurtado (2017): "la Constitución de Montecristi sea violada, modificada mediante leyes, decretos ejecutivos y hasta disposiciones administrativas, esto es, por normas de menor jerarquía, y no a través de los procedimientos en ella establecidos. Hasta llegó a ser ignorada o interpretada por el presidente de la República en función de sus conveniencias".

Fortalecimiento del Estado como motor de la economía y otras disposiciones constitucionales

La economía dejó de ser "social de mercado" y pasó a ser "economía social y solidaria"[24]. Se dio prioridad a la planificación a través de un Consejo Nacional de Planificación y una organización para implementarla: la Secretaria de Planificación y Desarrollo (SENPLADES).; no obstante, mucho se improvisó porque la brújula era la voluntad de Correa. El tipo de propiedad que en la Constitución de 1998 se llamaba *comunitaria* se llama ahora *popular y solidaria*. Se eliminó la autonomía del Banco Central y pasaría a ser un órgano de las políticas del Ejecutivo, lo cual sirvió para que Correa utilice más de 6 000 millones de los depositantes, para financiar el gasto público. Las actividades financieras pasaron a ser un servicio de *bien público* y se introdujo el concepto de *soberanía alimentaria*.

La soberanía alimentaria consistía en alcanzar una supuesta autosuficiencia, es decir, que no se importaría nada por concepto de alimentos. Una expectativa de muy poca validez, pues el Ecuador, por ejemplo, no puede producir todo el trigo que necesita para suplir la demanda de pan. Esto también sirvió para prohibir la importación de alimentos transgénicos, un desarrollo tecnológico que puede acabar con el hambre.

La "muerte cruzada" fue un artificio para permitir al Poder Ejecutivo disolver la Asamblea y convocar a nuevas elecciones. La amenaza de la muerte cruzada es y fue una amenaza para que los legisladores lleven a cabo la elaboración de leyes de acuerdo a los gustos del Presidente. Es más, durante el período entre la disolución de la Asamblea y se instale la nueva, el Presidente está facultado para dictar leyes por decreto previo dictamen de la Corte Constitucional.

Proclamó la "ciudadanía universal" para defender los

derechos de inmigrantes y facilitar la movilidad internacional, esto llevó a que se diera derecho al voto a los extranjeros que tenían poco tiempo en el país y no que necesitarían nacionalizarse. Se prohibió ceder jurisdicción internacional en controversias contractuales de índole económica, salvo que se trate de instancias regionales. Como consecuencia de esta visión internacional "anti yanqui" o "anti imperial" el país redujo su oferta de seguridad jurídica a inversionistas extranjeros, y no ha podido firmar varios tratados de inversión y comerciales. Por si fuera poco, el no poder ceder jurisdicción a organismos o instancias arbitrales internacionales de manera voluntaria niega la posibilidad de ser parte activa y completa de la comunidad internacional que avanza a paso seguro en mejorados sistemas de solución de controversias de inversión.

La cooptación del Poder Judicial. Ampliación del catálogo de derechos y garantías jurisdiccionales.

Además del hábeas corpus y hábeas data, se crean la acción por incumplimiento, la acción de acceso a la información pública y la acción extraordinaria de protección, misma que permite a la Corte Constitucional revisar fallos de la justicia ordinaria, cuando consideren que este vulnera derechos constitucionales. Se incluyen los derechos de adultos mayores, migrantes, mujeres embarazadas, jóvenes, personas con discapacidad, personas con enfermedades catastróficas, personas privadas de libertad, personas usuarias y consumidoras. Derechos al agua, a la alimentación y soberanía alimentaria, derechos colectivos, a la universalización del derecho a la seguridad social, y los derechos de la naturaleza. Esta masiva ampliación del catálogo de derechos y garantías jurisdiccionales suena bien, pero trae un serio problema en cuanto llega a relativizar la aplicación eficaz de derechos fundamentales constitucionales. Así, los derechos civiles y políticos (también conocidos como de primera generación), que según la doctrina son considerados como de "no hacer", hay derechos que se pueden cumplir de manera absoluta, y cuya violación se puede determinar de manera clara (Derecho a la vida, a la libertad, no a la tortura). En cambio, derechos como los de la naturaleza son extremadamente complejos de cumplir en la práctica pues el nivel o no de lo aceptable respecto a la explotación de la naturaleza o inclusive hasta donde llega el sujeto "naturaleza" recae sobre un análisis subjetivo que afecta la exigibilidad de los derechos.[25] Esta relativización provoca una erosión de derechos fundamentales que es siempre aprovechada por regímenes autoritarios. Un claro ejemplo en el correísmo fue su constante ataque a la libertad de expresión y prensa.

En resumen, la llegada de Correa al Poder instauró el despotismo. Se eliminaron contradictores en el poder legislativo, se adueñaron de las cortes electorales y judiciales. Para mantenerse en el Poder, atacaron a la prensa, solo ellos creyeron tener la verdad, los otros mintieron; echaron la culpa de todo a gobiernos anteriores, destruyeron a la oposición y luego se aferraron al poder con colmillos y uñas y buscaron desesperadamente la reelección indefinida. Un libreto que se ajusta plenamente a la tutoría de Foro de Sao Paulo.

Arribó el despotismo

El despotismo es el poder arbitrario de un individuo -- o pequeño grupo de individuos-- que no es responsable frente a nadie y gobierna con vistas a su propio beneficio; es el uso del Poder en contra de la voluntad de sus súbditos. Es más, el déspota no respeta las leyes ni las costumbres. Si no le beneficia una ley, la viola o la cambia, porque se acogen a su voluntad los poderes legislativo y judicial. Tampoco respeta las costumbres: si son una amenaza a su mando emite dictados para cambiar o eliminar la costumbre, como la prohibición de los casinos o las corridas de toros o la ley seca para los fines de semana. Se atreven a afirmar que las obras públicas han sido financiadas por sus propios fondos y no por los recursos del pueblo. El culto a la personalidad es común entre los dictadores, su rostro en gigantografías proliferan incluso en los lugares más remotos del país. Este es despotismo que se instauró como un proyecto político socialista llamado *Revolución Ciudadana*. La única diferencia entre despotismo y tiranía es el uso de la violencia. Para muchos, Rafael Correa no fue solo un déspota sino un tirano, pues cunden las sospechas de asesinatos, como la muerte del general Jorge Gabela[26] quien se opusiera a la compra de los helicópteros Dhruv, y episodios sangrientos de represión como la hecha a los campesinos de Dayuma[27].

CAPÍTULO 3: EL EJERCICIO DEL PODER

◆ ◆ ◆

Es obvio que no hay despotismo sin déspota, tampoco puede haber despotismo sin la aquiescencia de la mayoría de la población, dentro de un marco institucional que propicia el ejercicio despótico del Poder. En este capítulo examino estas tres condiciones: (1) La psicología del déspota, en este caso, la predisposición de Rafael Correa hacía el autoritarismo. (2) Vimos anteriormente que el dominio de los electores de predisposición apática y reglada, son caldos de cultivo para el encumbramiento del déspota. Pero el despotismo también apela a la violencia, a la amenaza para silenciar opositores, a la propaganda para "endulzar la píldora" de la falta de libertad; y (3) la degradación del marco institucional que debe controlar y limitar el Poder. En el correato, se coaptó a las instituciones de control y se desvirtuó el sistema judicial.

La psicología del déspota

Todo líder político tiene una afición o atracción por el poder y, como hemos señalado, debe tener una propensión a ocultar y hasta a engañar. Pero no hay déspota sin propensión psicológica hacia el despotismo. La explicación más sugestiva pero la menos valiosa es decir que un déspota es un *psicópata*, definido como un "desadaptado social", cuyas características son engaño, impulsividad, y falta de arrepentimiento. Los verdaderos psicópatas, además de ser mentirosos y despiadados, parecen no tener sentimientos por los demás, ni siquiera por sus padres o hermanos. Por ello solo si exhibe esta última característica podremos decir que un déspota es un psicópata

Hay varios estudios interesantes sobre la personalidad de los dictadores. Uno de los más sugestivos es el realizado por Jane Stephenson (2011) de la Universidad de Stanford. Según Stephenson la personalidad autoritaria comienza en la niñez. Todos los 14 dictadores estudiados fueron humillados ya sea por el padre, ya sea por maestros, que los maltrataron duramente, aun con castigos corporales. Normalmente, la madre era sumisa y vista como débil por el niño. También sufrieron vergüenzas y desprecios por ser miembros de clases discriminadas, por ser hijos ilegítimos o por tener dolencias físicas como el tartamudeo, o la piel estropeada por acné o viruela o por altura (muy altos o muy bajos en comparación con otros niños). Estas humillaciones dejaron huella para su autoritarismo posterior y su espíritu de revancha consciente o inconsciente. Dice Stephenson que cuando los años formativos de un niño están plagados de vergüenzas e indefensión frente a lo que cree que son injusticias, las generaliza y crece con el ánimo de tomarse el Poder para corregirlas, aun cuando sea a sangre y espada[28].

En el libro *El cuentero de Carondelet*, se establece que la infancia conflictiva de Correa, las peleas a las que tuvo que salir su hermano Fabricio a defenderlo, el hecho de la prisión de su padre por traficante de drogas, la muerte de su hermana, dieron lugar a su personalidad belicosa y a desafiar a "golpes" a sus detractores. Su mismo hermano, en varias entrevistas en radio y televisión ha confirmado que la relación entre los dos "rafaeles" era parte de un conflicto intergeneracional, pues el padre y el abuelo jamás se habían llevado muy bien. La personalidad de Rafael y la de su padre eran muy cercanas (según psicólogos a los que habían recurrido por la muerte de su padre) y los dos

Cuando el niño tiene padres cariñosos y compresivos las humillaciones sufridas no los llevan a compensar con autoritarismo, sino más bien a buscar caminos éticos y no-violentos para corregir las injusticias. Este el caso de Mahatma Gandhi, Martin Luther King, aunque el más interesante es de Nelson Mandela que a pesar de haber estado encarcelado por 24 años, tuvo la rectitud moral aprendida de sus padres que le llevó a buscar soluciones pacíficas para su país.

Los déspotas manifiestan grados crecientes de paranoia y narcisismo. Mientras más tiempo tienen en el Poder más grandes son sus sentimientos de persecución y mayores sus abusos del Poder. Su paranoia les lleva a cometer *purgas* entre sus más allegados, sobre todo al inicio de su gobierno porque es cuando su Poder es más débil. Rafael Correa soslayó a Alberto Acosta, Gustavo Larrea y otros porque ellos tenían un bagaje de historia de haber sido parte de los movimientos sociales (socialistas) por muchos años, y él no.

Su narcisismo se revela en que se apropian de los logros de sus subordinados, a la vez que se reúnen de individuos prontos a decir *sí*[29] a cualquier deseo del déspota. También comienzan a mirar al mundo de una manera "más automática y formas más simples". Se crean fantasías de heroísmo, de superioridad y de tener siempre la razón. Correa se hizo dar 15 títulos *honoris causa*[30], es más, hasta construyó un museo propio en el palacio de Carondelet. Once salas fueron habilitadas en el ala sur inferior del Palacio de Gobierno, donde se podía conocer (en fotografías) los cambios que había sufrido el Palacio (construido en 1747), la banda presidencial, las constituciones, decretos y ver de cerca los regalos que había recibido el Presidente de la República, Rafael Correa, en estos diez años de Gobierno. El museo fue desmontado el 27 de noviembre del 2017.

Cuando aparecen errores fácilmente echan la culpa a otros; nunca faltan los chivos expiatorios sean miembros de la partidocracia, de la restauración conservadora, o, por supuesto, de la banca o de la empresa privada o de la CIA norteamericana. En las sabatinas Correa injuriaba a ministros o allegados sin recato ni mesura. Según su hermano Fabricio, Rafael no gana un debate y acepta una felicitación, si no que busca acabar con el opositor, humillarlo, tiene que demostrar que el jefe es él.

La cratomanía

Quizá el término más adecuado para designar las patologías asociadas de los que aspiran a ejercer o ejercen el poder, sea el de *cratomanía*, enfermedad que provoca adicción —similar a los adictos a alguna sustancia— tanto en las manifestaciones sádicas como masoquistas del ejercicio del Poder. La sustancia que genera el cerebro y que hace que el ejercer el Poder sea una experiencia placentera y adictiva se llama péptidos opiados endógenos, cuyo nivel en la sangre se puede determinar mediante un examen clínico. La cratomanía hace que los dictadores se conviertan en déspotas[31]. Para muchos políticos dejar el poder es como la muerte, por eso prefieren literalmente morir antes de entregar el poder. La lejanía del Poder se equipara a los dolores de destoxificación. Lenín Moreno sostuvo que Correa sufría del "síndrome de abstinencia", es decir, una reacción provocada por la reducción brusca de una sustancia de la que se tiene dependencia, como el azúcar, el alcohol, las drogas, y, por supuesto, el Poder.

La cratomanía es un síndrome morboso con dependencia o afición desmedida por el dominio, imperio, y mandato sobre otras personas. Viene del griego *cratos*, fuerza o poder, y *manía*, locura o delirio general. Es una alteración psíquica similar a cualquier adicción o dependencia a una droga o sustancia enteógena[32] o alucinante; es decir, el deseo incontenible y exagerado de poder o delirio consistente en ser poseedor de un gran poder o fuerza. Es sinónimo de embriaguez de poder, mareo de mando, delirio y compulsión por el poder[33].

Diversos grupos indígenas, entre ellos, los nahuas dicen que las personas que suben al Poder (*huelitiyotl*) se marean, se embriagan (*tlahuanqui*), se transforman, pierden el piso, y ya no pueden vivir de manera honesta como cualquier otra persona, y que como cualquier adicción, la del Poder tiende a crecer con el tiempo. Por eso, el cratómano mientras más tiempo lleve en el Poder mayor su dependencia, y mayor perpetración de abusos. Entonces la cratomanía se convierte en *cratopatía*, una enfermedad que convierte a los dictadores en tiranos sanguinarios y déspotas capaces de las mayores atrocidades. Dice Alfonso Reece (2011), un columnista ecuatoriano:

> *En el fondo del problema de todas las drogas está el poder. Por eso la droga por excelencia es el poder mismo. Quien empieza a consumirlo termina haciéndose adicto, porque logra con unas palabras, con una firma, con un gesto, cosas que al resto de los mortales le cuesta años de esfuerzos y desvelos: lujos, esbirros, dinero, mujeres, hombres... El poderoso termina creyendo que el poder reside en alguna característica intrínseca suya y piensa que lo merece todo. No hay límites. El envés de esto es que necesita cantidades crecientes de la perversa poción.* **Cratomanía** *se ha llamado a esta adicción, que como todas trae efectos secundarios, entre otras, un deterioro de las funciones cerebrales. Como lo han visto, los ebrios consuetudinarios, los multiadictos, los erotómanos, lo pierden todo, hasta la vergüenza. Además, las adicciones no solo dañan al enfermo que las padece, sino que afectan a su familia y a su entorno. En ese sentido la cratomanía es la peor de todas, porque si alguien que la padece se hace con el poder supremo, terminará destruyendo a un país entero".*

Los cratómanos se diferencian de otras personas en la manera cómo responden a situaciones que les hace sentir inseguros o inadecuados. Toda persona buscar el poder para sobrellevar estas situaciones, para controlar el entorno y reducir la inseguridad, pero el cratómano *sobreestima* la cantidad de su influencia sobre los resultados, mientras que los mortales comunes *subestiman* su influencia y por ello, los súbditos están dispuestos a aceptar a aquellos (déspotas) que dicen creer y prometer más de lo que pueden lograr. Es evidente que Rafael Correa encaja perfectamente en el síndrome de la cratomanía

Otros rasgos psicológicos

Los déspotas, en general, persiguen y temen a la prensa independiente, porque los periodistas son las fuentes más probables de oposición. Un déspota rechaza la influencia de los forjadores de opinión, se siente amenazado por ellos y los perseguirá porque lo que proponen tiene una mayor coherencia teórica e ideológica que la arbitrariedad de la dictadura.

El estar en capacidad de escuchar, tolerar la disensión, adaptarse a las circunstancias cambiantes, son la marca de un buen liderazgo. La mayoría de los tiranos poseen esa cualidad temprana en sus carreras. Rafael Correa logró convencer al pequeño grupo que lo buscaba que era un hombre de izquierda, convencido de llevar a cabo una revolución socialista. Lenín Moreno sostuvo que Correa "era un gran tipo hasta que llegó al Poder", se atrevió a decir que Correa fue "firme, inteligente, trabajador... democrático y de profundo amor a la paz... ", y que "Correa fue el mejor presidente de la historia del Ecuador."[34] Más adelante, el mismo Lenin Moreno revelaría el inmenso grado de corrupción que existió durante el gobierno de Correa.

La personalidad de los dictadores ha fascinado a muchos, hasta investigar los rasgos psicológicos que los llevaron a buscar y a perennizarse en el Poder. Muchos tuvieron problemas con sus padres, pero eso no implica que aquellos que tuvieron problemas similares se puedan convertir en un Hitler. Igualmente, casi todos los déspotas han tenido grandes cualidades oratorias, pero no todo gran orador está destinado a ser un Fidel Castro. Es que hay dictadores que se creen que tienen línea directa con dios (Sadam Hussein), o que tienen una visión ética superior y que quieren imponerla a toda costa (Robespierre), o paranoicos que quieren construir un mundo mejor para sus ciudadanos (Hitler, Mussolini), o "fanáticos doctrinarios", desconfiados, dogmáticos y excesivamente reflexivos (Stalin), o que creen tener la verdad apoyados en teorías pseudocientíficas (V.I. Lenin).

CAPÍTULO 3: EL EJERCICIO DEL PODER

Uno de los estudios más completos sobre este asunto es el de Carla Nieto Martínez (2009), quien resume las características que tienen los dictadores, jefes de una forma de gobierno en la que el Poder absoluto se concentra en las manos de una persona, lo que les lleva a controlar los tres poderes del Estado –*independientemente* de las circunstancias históricas de las que les llevaron al Poder. Según Nieto, los déspotas exhiben una serie de pautas de actuación, formas de conducta y hasta filias y fobias similares. En resumen, esto es lo que tienen en común:

- *Relaciones conflictivas con su padre.* Trujillo, Stalin, Hitler, Mao, Castro y los demás. Correa y su padre nunca se llevaron bien[35].
- *Ellos y sus mansiones.* Sencillez *cero*. Parece que hay un "estilo dictatorial" a la hora de decorar sus domicilios, muchos de mal gusto y una tendencia al barroquismo. Todos tendieron a enriquecerse, a la opulencia, a acumular dinero y cuentas bancarias en paraísos tributarios. Correa contrató un chef belga para que cocine en palacio. Compró dos aviones de lujo y un helicóptero para sus viajes personales. Siempre envió a sus hijos a escuelas privadas, inclusive cuando era estudiante en los Estados Unidos.
- *Estuvieron en la cárcel.* Tito, Hitler, Perón, Castro, Chávez. Debido a la similitud genética con su padre, su prisión la sintió como propia[36].
- *Un nombre para la historia.* Mussolini *Il Duce*, Castro *El comandante*, Trujillo El *Benefactor*. Correa se hizo llamar *Mashi* que en kitchua significa *compañero*. Erigió un Museo en el Palacio de Carondelet con casi todas las piezas de su propiedad[37].
- *Vocación literaria.* Hitler *Mi lucha,* Napoleón escribió varios libros. Correa escribió: *Ecuador: de la Banana Republic a la no República* (Random House, 2009); *La vulnerabilidad de la economía ecuatoriana; Hacia una mejor política económica para la generación de empleo, reducción*

de la pobreza y desigualdad (Programa de las Naciones Unidas para el Desarrollo, Quito, 2004); *El reto de desarrollo; ¿estamos preparados para el futuro?* (Publicaciones de la Universidad San Francisco de Quito, 2004); y un buen número de artículos entre científicos (*working papers*) de muy poca rigurosidad y ponencias y artículos para publicaciones no científicas.

- *Profesiones "de base"*. Muchos de ellos estudiaron abogacía y Derecho. Duvalier debe su apelativo de Papa Doc a sus conocimientos de medicina. <u>Correa estudió economía y obtuvo un Ph.D. de la Universidad de Illinois en Urbana-Champaign.</u>
- *Manías, aversiones y demás.* Trujillo y Ceausescu tenían obsesión por la limpieza corporal, Mussolini no soportaba el contacto físico, Hitler detestaba el tabaco (su padre fue un fumador empedernido), Papa Doc hacía girar todas sus decisiones en torno al número 22, Imelda Marcos tenía 3 000 pares de zapatos, Trujillo 10 000 corbatas. <u>Correa usaba camisas de diseño étnico y no permitía ni a sus allegados usar camisas similares.</u>
- *Pasiones, amores y demás.* Muchos de los dictadores se han caracterizado por el gran número de relaciones sentimentales e incluso por su promiscuidad. Trujillo, Castro, Stalin y la mayoría de los dictadores africanos. Aunque el portugués Salazar fue soltero toda su vida; otros, como Franco y Milosevic fueron fieles a sus compañeras. <u>Poco se sabe de la vida sentimental de Correa, aparte de que su esposa solo un par de veces participó como Primera Dama.</u>

Podemos concluir que a pesar de que las características patológicas de los dictadores son conocidas: niñez humillada, cratomanía, paranoia, narcisismo, etc. es casi imposible predecir antes de que lleguen al Poder quien se convertirá en déspota. Por esto es importante estudiar las circunstancias, eventos y acontecimientos que dan origen al *autoritarismo*, y cuál es su naturaleza, *independientemente* de las personalidades de los que lo ejercen. En particular, desarrollar un arreglo institucional que impida que se conviertan en déspotas o tiranos.

La predisposición al autoritarismo

La primera condición para que surja un déspota es la disposición psicológica del líder político al autoritarismo. En el libro titulado *Cómo mueren las democracias*, los historiadores de Harvard Steven Levitsky y Daniel Ziblatt (2018), proponen cuatro indicadores claves para advertir el peligro de líderes políticos que tienen la propensión al autoritarismo. Utilizando su tabla, es evidente que Rafael Correa tenía una personalidad autoritaria.

- *Rechazo o débil aceptación de las reglas democráticas del juego.* Rafael Correa desde un principio desdeñó las reglas democráticas. Como se indicó anteriormente, no juró defender la entonces vigente Constitución y en numerosas ocasiones violó su propia Constitución.
- *Negación de la legitimidad de los adversarios políticos.* Fueron "bolsas de boxeo" de Correa los *pelucones*, a su entender todos aquellos cuyos medios económicos les permitía vivir en barrios cerrados; la prensa "corrupta", que supuestamente estaba al servicio de la oligarquía; y la "partidocracia", que había instalado la "larga noche neoliberal".
- *Tolerancia o fomento de la violencia.* Su ascenso al Poder fue violento, partidarios suyos atacaron a congresistas; hay evidencias de que las FARC financiaron su campaña; desafió a golpes al entonces asambleísta Andrés Páez; atacó al cantautor Jaime Guevara y a la empresaria de Riobamba Irina Parra y arrasó contra un chico de 17 años porque le hicieron signos obscenos.

- *Predisposición a restringir las libertades civiles de la oposición, incluidos los medios de comunicación.* Las oficinas del diario *Hoy* fueron invadidas so pretexto de impagos tributarios. Utilizó el pretexto de ser *terroristas* para encarcelar a los estudiantes, dirigentes gremiales e indígenas por organizar manifestaciones en contra de sus políticas. Correa calificó a los medios de comunicación de "grave enemigo que hay que derrocar".

Los autores también exploran el proceso por el cual se empodera al déspota. Comienza con meras palabras, discursos que polarizan la sociedad, con los que se proclaman *refundadores* de la patria y terminar con un pasado (la larga noche neoliberal) que dobló la rodilla ante el imperio (yanqui). Correa combatió la partidocracia, acusándola de fuente de corrupción sistémica y prometió: corazones ardientes, mentes lúcidas y manos limpias. Así que, definitivamente, cumple con los cuatro indicadores.

La cabeza del despotismo ecuatoriano era sin duda Rafael Correa. Pero es importante advertir que muchos de los que impulsaron su candidatura no supieron percibir sus tendencias autoritarias y si lo hicieron era porque también querían y creían que un hombre de "mano fuerte" podía arreglar el país.

La psicología social ha progresado mucho en este sentido y hoy es fácil identificar a los autoritarios en potencia, como lo hacen Levitsky y Ziblatt. Otro estudio sobre la personalidad de los líderes autoritarios (Kathy Benjamin, 2017) explica la psicología mórbida en cinco razones:

- *Sentimientos de poder incitan a una falta de compasión.* Teóricamente, los políticos en una democracia deberían ser extremadamente compasivos. Gastan dinero, pasan horas y días en campaña para demostrar que "sirven" a sus electores. En un experimento publicado en *Psychological Science* se estudió la

empatía de los que ejercen el poder versus los que no tenían poder. El resultado demostró que los poderosos tenían muy poca preocupación por los problemas ajenos.
- *El poder concede falsas creencias en sus propias habilidades.* Sabemos que los líderes políticos tienen un alto nivel de testosterona lo que les estimula a tomar riesgos. Esto nace de la confianza en que pueden "modificar" el mundo a su voluntad. Pero también opera al revés, una vez llegado al Poder, el líder toma confianza y su percepción sobre habilidades deja atrás toda lógica y razón. Esto fue estudiado en *la Stanford University*.
- *Hay experimentos que demuestran que el poder y la hipocresía están enlazados en el cerebro.* Un experimento en Alemania concluyó que dando poder a unas personas en "cuestión de minutos" el sentimiento de poder les llevaba a creer que las reglas no se aplicaban a ellos. Pero cuando se preguntaba si era OK que otras personas violen la ley, su respuesta fue condenarlos severamente.
- *Sentirse poderosos hace la vida más fácil.* La mentira en adultos es generalizada, pero los mentirosos que llegan al Poder mienten aún más. Investigadores en la *Columbia Business School* concluyeron: "Gente poderosa no sentían ninguna cambio de emoción, ni de fisiología ni de comportamiento, parecía que no se habían dado cuenta de que mentían". Este resultado debe ser producto de tener niveles bajos de la hormona cortisol". Es como que sentirse poderosos los hace creer que la reglas normales de moralidad no se aplican a ellos.
- *El Poder y la Auto-absorción van de la mano.* La razón por la cual los que ejercen el Poder no tienen interés por los demás es porque están más preocupados por ellos mismos que de otros. El narcisismo es una condición

psicológica inseparable de los líderes políticos, y cuando llegan al Poder los vuelve aún más narcisistas. Los resultados fueron encontrados por una experimento en la *Northwestern University*.

Consecuentemente, todos estos estudios demuestran que muchos líderes no tienen la misma personalidad que el resto de los mortales. Rafael Correa pertenece a este grupo y su cratomanía simplemente exacerbaba su disposición despótica. Es más, el libro titulado *El cuentero de Carondelet* establece que Correa sufría de una sicosis aguda de narcisismo. El expresidente aparece ser moderadamente destacado, sin llegar a ser sobresaliente. Sus logros intelectuales son modestos, como se demuestra en su pobre manejo de los idiomas en los que estudió en Bélgica y Estados Unidos.

Nadie gobierna solo

El gobierno de una persona no existe, necesita una fuerza militar, controlada por lealtad o interés propio, algún tipo de movimiento político para movilizar a sus seguidores, alianzas con ciertos grupos o clases, una estructura administrativa, etc., utilizan a menudo los sindicatos obreros o estudiantiles para subir al Poder pero luego son eliminados porque son una amenaza al autoritarismo.

En el ejercicio del Poder hay unas reglas implícitas que el gobernante tiene que aprender y llevarlas a la práctica[38]. El arte de la política consiste en utilizar con efectividad tres grupos de personas: (1) Los *votantes* son las personas que tienen voz en la elección del líder, cuando el voto es obligatorio son los empadronados, o el electorado en general; (2) los *influyentes* son los que verdaderamente eligen al líder, que bien puede ser el buró político de un partido o el colegio electoral en los EE. UU. o el parlamento. También pueden ser los caudillos locales o jerarcas de un partido político; (3) los *esenciales* son las personas cuyo apoyo es crítico y esencial para mantenerse en el Poder, es el círculo de personas que está cerca del líder y normalmente incluye el jefe de las fuerzas armadas. En cualquier sistema mientras más grande es el número de esenciales más difícil gobernar, los déspotas tienden a tener un grupo pequeño de esenciales.

El éxito o el fracaso de un gobierno dependen de los recursos económicos que puede generar para los dos primeros grupos. A los votantes les interesa su bienestar que puede lograrse mediante subsidios, prebendas, obra pública, educación, salud, etc. Los influyentes pueden recibir beneficios directos, como puestos en la administración, contratos estatales, etc. En cleptocracias, el grupo de esenciales es el que más se aprovecha de los recursos del erario. Como son los que están junto al líder, tienen una situación muy precaria pues dependen mucho de la confianza o lealtad que pudieran generar.

Para mantenerse en el Poder, el déspota lo primero que hace es deshacerse de unos y elevar a otros. Las *purgas* son comunes a todo despotismo, porque con esto también dan el mensaje a los que no están en el Poder de que pueden ser llamados a colaborar si agachan la cabeza o, caso contrario, a ser confinados, encarcelados o asesinados si son una amenaza al Poder del déspota. La posición más precaria para un gobernante es cuando recién llega al poder o cuando está al final de su vida. La evidencia empírica es que un déspota no puede sobrevivir fácilmente los primeros meses de su gobierno, porque inicialmente tiene que buscar el dinero, formar una coalición con gente no muy conocida y tratar de deshacerse de los contestatarios a su poder. Un dictador inteligente se deshace de los que le apoyaron lo más temprano posible y los reemplazan con gente más segura y más barata.

Los adláteres se pueden dividir entre *esenciales* e *influyentes*. Los esenciales son los colaboradores más cercanos al presidente, son sus allegados más leales y en los que tiene mayor confianza; son los que actúan en su nombre y ejecutan o llevan a cabo sus designios. Son esenciales también los jefes de las FF.AA. o la Policía Nacional, pues en última instancia estos son los que le apoyarán en caso de rebeliones o revueltas. Los influyentes son personas, como su nombre mismo lo dice, influyen en el jefe, le son leales pero no completamente. Normalmente, son los que ocupan el cargo de ministro, secretarios de entidades públicas bajo el control directo del presidente.

Cuando la coalición de esenciales es pequeña la dádiva de beneficios particulares es una manera eficaz para conseguir su apoyo. Por eso observamos que en sistemas totalitarios la redistribución de riqueza se hace quitando a los ciudadanos y dando a los esenciales, haciéndoles ricos, gordos y leales. El arte de gobernar en un despotismo consiste en figurarse cuánto puede acumular el líder para sí mismo y cuánto puede y debe repartir favores a los esenciales e influyentes Los esenciales deben comparar los beneficios que *esperan* recibir en el futuro y de acuerdo con esa comparación ofrecer su lealtad. El aspirante a esencial a su vez debe ofrecer más que el titular, aunque después reniegue de sus promesas. De los veintiún ministros que Fidel Castro nombró en enero de 1959, doce renunciaron o fueron descartados en un año. Los que tuvieron suerte se exiliaron; otros fueron ejecutados. El caso más fehaciente es el del Che Guevara, que a pesar de su popularidad fue enviado a Bolivia, a una muerte segura.

Si los esenciales provienen de un grupo grande de influyentes, se puede lograr esenciales leales sin mucho esfuerzo porque son reemplazables, hay donde escoger. Pero si el grupo de los influyentes es pequeño, el líder debe gastar relativamente más recursos para conseguir esenciales.

La forma más efectiva de mantenerse en el poder es tener un grupo grande de contribuyentes (el costo por persona es menor) y que una parte de ese dinero se redistribuya hacia el grupo de los esenciales e influyentes. Cuando el gobierno recibe ingresos de recursos naturales o ayuda del exterior tiene más discreción en su uso y puede "comprar" lealtad sin tener que utilizar los impuestos que la gente tiende a resentir. Es una de las causas para la "maldición de la abundancia", como le llama Alberto Acosta (2009) y una de las críticas a organismos internacionales que con su apoyo tácitamente mantienen al déspota.

El papel de los esenciales

La conducción diaria del Poder la realizan los esenciales. Los esenciales juegan un papel crítico en el ejercicio del Poder. Los esenciales de Correa fueron calificados por su hermano Fabricio como *el círculo rosa,* entre los más prominentes Ricardo Patiño, Jorge Glas, Alexis Mera y Vinicio Alvarado. Al inicio de su primer término se conoció que era el *buró político* de Alianza País los que asesoraban al presidente. Pero antes de llegar el primer año Alberto Acosta, Gustavo Larrea, Eduardo Valencia y otros fueron alejados del gobierno.

Lo más importante para mantenerse en el Poder es la lealtad, lealtad, lealtad. Para impedir el ascenso de competidores, no es conveniente aumentar el número de esenciales, sino aumentar el número de *posibles* esenciales. De esa manera se mantiene a los esenciales en desequilibrios. El "arte" está en mantener a los leales contentos pero a la vez vulnerables a la voluntad del líder. Por ejemplo, no conviene tener a meritócratas pues sus méritos pueden ser superiores a los del jefe, de tal manera que este tipo de contendores son enemigos en potencia. A los esenciales hay que compensarles pero no en exceso pues hay que hacerles percibir que esa compensación la pueden perder en cualquier momento.

Correa ignoró o miró a otro lado cuando sus esenciales se aprovechaban del erario, precisamente porque contaba con su lealtad. Muchos de ellos fueron compañeros en la Universidad Católica de Guayaquil o en los *boy scouts*. Llegaron al gobierno y se aprovecharon de las arcas fiscales. Jorge Glas, hoy en prisión, fue amigo en los *scouts*. Pedro Delgado era primo de Correa y en la actualidad está fugando como otros muchos funcionarios de su gobierno, entre ellos Ricardo Patiño, Vinicio y Fernando Alvarado que están prófugos y Alexis Mera con prisión domiciliaria. ¿De qué viven los correístas asilados, exiliados en Venezuela o México? Es evidente que amasaron fortuna durante el correato, al igual que Rafael Correa.

El control de las revueltas y rebeliones

Un déspota exitoso siempre pone los deseos de sus partidarios esenciales sobre las necesidades de la gente. La vida para la gente en los regímenes de coaliciones pequeñas es solitaria, corta, pobre y brutal. Este nivel de vida debería ser lo suficientemente malo para que muchos ciudadanos se arriesguen a una rebelión. Cuando el riesgo y los costos de un fracaso son muy altos los déspotas logran evitar la rebelión y si las penas de una revuelta fracasada son suficientemente duras el déspota puede mantener a la gente bajo su yugo. El secreto para mantener las rebeliones bajo control es hacerlo de una manera temprana, antes de que llegue a un punto crítico en el cual la coalición perciba que un levantamiento general no pueda ser sofocado[39]. Correa nombró cinco generales de la Policía que no duraron un día, hasta que encontró el que le sería leal, algo parecido sucedió en las FF.AA.

El grado de lealtad esperada de la clase militar es uno de los factores críticos que conforman cómo el déspota responderá a una amenaza naciente[40]. Cuando un líder no puede prometer a sus partidarios un flujo adecuado de premios que justifiquen el trabajo sucio requerido, la coalición pierde su lealtad y su apoyo se evapora en cualquier momento.

Por eso se eliminan las libertades de asociación, las de libre expresión o las de prensa libre. La democracia necesita de ciudadanos de un espíritu crítico, que no sean fáciles de manipular o engañar. Por ello es indispensable una prensa libre, independiente del Poder y siempre lista a criticar al Poder. Los autoritarismos no pueden sobrevivir una ciudadanía de "espíritus críticos".

Rara vez las revueltas ocurren espontáneamente. Estas requieren de algún factor que prenda los ánimos del pueblo. Cuando los recursos al alcance del déspota escasean ya sea por una recesión económica, o por un embargo o bloqueo internacional, o porque no puede pagar deudas al líder despótico se le hace difícil mantener la lealtad de la colisión y esta es la oportunidad para un cambio político. La caída de los precios del petróleo en el 2014 causó una falta de liquidez para financiar el abultado gasto público y el estancamiento posterior fue una de las causas por las que Correa perdió apoyo popular.

La aquiescencia de la población

El segundo factor o condición para el gobierno de un déspota es una aquiescencia de la mayoría, unas veces tácita y en ocasiones por elección directa, como en los casos de referendos o consultas populares. Como se indicó anteriormente, la disposición del electorado apático es la más proclive a elegir líderes populistas y la disposición reglada a seguir a líderes por la existencia de coincidencias ideológicas. El déspota también recurre a medidas coercitivas para atemorizar a la población, silenciar a sus críticos y crear una "aura de bienestar". Por ello es común que cuando el déspota deja de mandar, sus partidarios siempre repetirán "con él, estuvimos mejor."

El temor

El Poder nace, crece y se mantiene por el temor. El Poder nace porque promete protección, y esto le da derecho a cobrar impuestos y aún más --como advertiría Samuel a los judíos que querían un rey-- [el Poder]: "...tomará vuestros hijos, y [...] los pondrá a que aren sus campos y sieguen sus mieses y a que hagan sus armas de guerra y los pertrechos de sus carros. Tomará también vuestras hijas [...] y lo mejor de vuestra tierra, de vuestras viñas y de vuestros olivares."Y, a pesar de estas advertencias el pueblo dijo: "No, habrá rey sobre nosotros y nosotros seremos también como todas las naciones y nuestro rey nos gobernará". (Samuel, 8:6)

Del temor a las fuerzas de la naturaleza nació el Poder del chamán y el de los sacerdotes. Del temor al ataque de otros hombres surgieron los ejércitos y, para financiarlos, nació la tributación. Del temor a las enfermedades contagiosas, del temor a la precariedad de ganarse un sustento, del temor a los achaques de la vejez, nació el Estado de Bienestar.

Los déspotas y el miedo van de la mano. En Cuba y en Venezuela se han formado grupos de choque para amedrentar a la población. Afortunadamente, en el Ecuador no llegaron a organizarse, aunque Ricardo Patiño lo intentó.

No obstante, en el correato el sistema judicial fue cooptado por el gobierno central y se usaron sentencias extremas para silenciar a la prensa. Periodistas como Fernando Villavicencio fueron perseguidos y sentenciados. Las innumerables violaciones que fueran descritas anteriormente tuvieron como objetivo principal atemorizar y silenciar a los adversarios políticos del correato.

El despotismo no puede vivir con el pensamiento crítico; no puede admitir que se le hagan preguntas, que experimenten, que se genere y nutra la predisposición madura. La curiosidad, madre de la invención, necesita *libertad*.

El uso de la violencia

La violencia es esencial en el autoritarismo; todo déspota se rodea de guardaespaldas, fuerzas paramilitares, policía secreta, espías, delatores, informantes, además de la fuerza militar y policía regular. Normalmente, mandan arrestar, torturar o asesinar a los opositores del régimen. Como ejemplo, los sistemas de monitoreo como el Servicio Integrado de Seguridad ECU911, con cámaras en las principales ciudades del país y con un sistema unificado de respuesta inmediata, donde las cámaras tienen como propósito la reducción del crimen o violaciones de tránsito, también fueron utilizadas para espionaje político, el reconocimiento de rostros usados para identificar a opositores[41]. El modelo, contratado en China, se sumó al incremento del número de policías. Aunque tradicionalmente los policías eran numéricamente menos que los militares, en la actualidad hay cerca de 48 mil efectivos policiales frente a por lo menos 42 mil en las tres ramas de las Fuerzas Armadas.

Dice la revista digital *Plan V:* "La historia reciente de la inteligencia del Ecuador estuvo dirigida a dos campos: espiar empresarios, políticos, opositores, activistas sociales, periodistas, académicos y recolectar información de los negocios que impulsaba el Estado en temas estratégicos y de gran escala. La información es un bien poderoso y el resultado era obvio: hacer inteligencia significa entonces intervenir en los negocios del Estado como seguridad, telecomunicaciones, armas, energía. Por eso era tan importante ese muñequeo por la Comandancia de la Policía entre los servicios norteamericanos y los cubano-venezolanos, como en los viejos tiempos de la Guerra Fría, en vez de dedicarlos a, por ejemplo, combatir el crimen organizado"[42].

Una de las primeras medidas que toma un déspota es la prohibición de portar armas, normalmente con el pretexto de "proteger" al público. La posesión extensiva de armas de fuego, como en Suiza, es una amenaza permanente contra la tiranía. Todo déspota tiene miedo a un pueblo armado porque podrían organizarse y oponerse al autoritarismo. El temor es el principio sustentador del despotismo: Una mala seña por parte de un estudiante, le valió una regañada con amenazas de cárcel; a un canta-autor abstemio se le acusó de estar borracho o drogado por levantar un dedo al paso de la comitiva de Correa; los insultos y otros desmanes verbales del expresidente no solo se deben a su personalidad sino que busca que le tengan *miedo*.

Cuando el déspota emplea espías y soplones o crea una atmósfera tan atemorizante que virtualmente toda persona tiene miedo y consecuentemente está proclive a delatar a vecino o amigos, la sospecha mutua lleva a los individuos a aislamientos psicológicos extremos. La violencia puede ser sutil o patente, puede ser verbal o corporal, también puede ser selectiva u ocasional, o diaria.

Se "militariza" la policía o se crean fuerzas de choque que enmudezcan a los opositores. La efectividad de un déspota depende de cuánto miedo infunde en sus súbditos. Si es ocasional debe ser lo suficientemente cruel para ahogar cualquier oposición, y cuando quiere subyugar a un pueblo debe estar dispuesto a derramar sangre. El uso de la fuerza militar regular o de la policía en lugar de un ejército mercenario o milicia es más eficiente, pero todo déspota tiene que preocuparse de que el jefe de la policía secreta o que el general a cargo del ejército no busquen suplantarlo. Los generales exitosos crean un peligro tanto para los déspotas como para ellos mismos. En los primeros años de la administración de Correa, tres comandantes de la Policía fueron destituidos en menos de tres meses. Por el miedo a una revuelta Correa eliminó la autonomía de la Policía y buena parte de su espíritu corporativo, en especial, a raíz del 30S[43]. También se logró que los tribunales de justicia especiales que tenía la Policía fueran eliminados.

También sucede que las tiranías de larga duración recurran a la violencia solo de una manera mínima a cambio de ofrecimientos de placeres y concupiscencias. Se ofrecen y prometen gozos y realización de gustos. El uso de pan y circo hizo digeribles las tiranías de Nerón y de otros. La tiranía más temible es la que es dulce, no violenta, que acaricia más que amenaza, que deja a la ciudadanía más infantil, satisfecha, aunque petrificada, incapaz de nada grande.

El Estado de propaganda

Uno de los esfuerzos que hace un déspota para mantenerse a la gente "informada", un eufemismo para hacer propaganda y para convencer a sus simpatizantes de lo "bueno que es el gobierno". Se atribuye a Goebbels, el ministro de la propaganda nazi, el dicho: "Una mentira repetida mil veces se convierte en verdad". Las sabatinas fueron el mecanismo utilizado por Correa con este propósito.

El gobierno de Correa dedicó ingentes recursos para mantener su popularidad. Fue una campaña permanente utilizando los enlaces sabatinos que radios y televisión estaban obligados a transmitir, y que inicialmente se concibieron como informes de labores se fueron convirtiendo en el medio contestatario a la prensa "corrupta" y en críticas a propios y ajenos.

Como revela Hernán Ramos (2010): "Según un monitoreo realizado por *Infomedia-Ibope*, el Estado gastó $ 14.894.000 en pautas publicitarias en medios tradicionales (prensa escrita, radio y televisión) de enero a noviembre del 2008. Esto representa un gasto diario de 50.000 dólares aproximadamente, tomando en cuenta que el Estado recibe un descuento del 70 por ciento en medios televisivos. Además, *Infomedia* afirma que el Gobierno fue el principal anunciante, con el 6,4 por ciento de la inversión publicitaria total".

Continúa Ramos: "La estrategia publicitaria del Gobierno se divide en tres partes: (1) Los comerciales de televisión para informar qué hace el Gobierno con el dinero del pueblo; en ellos no aparece Correa. (2) Los comerciales con contenido emocional, que buscan generar cambios de conducta, en los que sí aparece la imagen del presidente. (3) La información que promueve la visión del Gobierno, que incluye las cadenas nacionales, los enlaces radiales sabatinos, el periódico *El Ciudadano* y la página web.

En los enlaces sabatinos, Correa hacía gala de su histrionismo, utilizaba las frases: "La Revolución Ciudadana está en marcha", "La Patria ya es de todos" o "Hasta la victoria siempre" para mantener a sus electores motivados. Según una nota de la Presidencia de la República, "Correa lideró, en el 2013, la clasificación de popularidad más alta en el mundo con un porcentaje promedio de 82 por ciento"[44]. Según otras encuestas como *Perfiles de Opinión* llegó a tener un 87 por ciento de aprobación en el 2007. De acuerdo a *Latinobarómetro*, en el año 2013, Ecuador ocupó el primer lugar en imagen del progreso del país (77% de respaldo ciudadano), la situación económica buena (57%), justicia en la redistribución de la riqueza (58%). El país, además, ocupó el segundo puesto en cuanto a apoyo a la democracia -incremento del 52% al 62%, entre 1996 y 2013- y aprobación a la gestión del Gobierno (73%). Según el encuestador Santiago Pérez, director de *Opinión Pública Ecuador*, informó que Correa terminaba su mandato con una aprobación del 62 por ciento[45]. No cabe duda que la propaganda, además del carisma del expresidente, así como la bonanza económica y el elevado gasto público contribuyeron a que lograra 14 triunfos electorales desde el 2006.Resumiendo un estudio de Paolo Moncagatta (2015), la alta popularidad que Correa mantuvo a lo largo de su mandato se puede resumir así:

- *El voto fue general.* No hubo diferencias por el nivel de educación. Pero para el 2017, los que apoyan mayormente a Correa fueron los que no tenían ninguna educación formal.
- *El voto por ideología.* A inicios del 2008, el mayor apoyo tuvo de los que se identificaban como izquierda, pero en las subsiguientes elecciones el efecto ideológico se fue reduciendo, hasta desaparecer por completo.

Estos resultados demuestran que los sectores más educados de la sociedad ecuatoriana empezaron a desencantarse con el correísmo a partir de inicios del 2014. Alianza País que inicialmente agrupaba a las "izquierdas" pasó a ser un movimiento *"catch-all"*, recogiendo la masa que no se identifica ideológicamente. Sin embargo, esto no significa una predisposición madura, sino que va *según el viento sople*, o según le parezca al líder. Finalmente, este estudio concluye que hubo una clara tendencia decreciente de los últimos años en cuanto al apoyo de Correa se refiere.

El ataque a la prensa y a la libertad de expresión

El abuso del Poder es menos nefasto cuando está controlado o equilibrado entre las diferentes funciones del Estado. Montesquieu diseñó un sistema de separación de poderes:

Ejecutivo, Legislativo y Judicial como un mecanismo para limitar la concentración de poderes. Pero además se necesitaba un sistema de derechos humanos inviolables, entre ellos la libertad de expresión como un instrumento más para limitar el Poder. Las organizaciones de la sociedad civil –movimientos sociales, filantropías, organizaciones no gubernamentales (ONG)-- también serían una limitación al poder.

El gobierno de Correa, además de inventarse dos poderes más: el electoral y el de Participación Ciudadana, declaró una guerra letal a la prensa privada como *corrupta* e instrumento de los poderes *fácticos*, como la banca o las cámaras de la producción; dividió a los movimientos sociales para someterlos, logró el cierre de ONG´s y trató de debilitar la filantropía quitando fondos a la Junta Benéfica de Guayaquil, a SOLCA, a la Escuela de Medicina de la Universidad de Guayaquil entre otros.

La Fundación Andina para la Observación Estudio de Medios (Fundamedios) es una organización dedicada a la lucha por la libertad de expresión, sea por agresiones físicas, agresiones verbales, censura o procesos legales. Así reporta "2.550 violaciones a la libertad de expresión desde el 2008, 510 sanciones a medios y periodistas bajo la Ley de Comunicación, 54 agresiones a la libertad de asociación; y, aunque el ataque a los periodistas desde el gobierno central casi no existe, desde los gobiernos seccionales y las empresas estatales continúa[46]".

La Comisión Interamericana de Derechos Humanos (CIDH) se pronunció a favor del periodista Emilio Palacio y de los directivos de El Universo, quienes fueron sentenciados a tres años de prisión en 2010 por el expresidente, Rafael Correa, tras ser acusados de injurias. Esto y otras declaraciones del Presidente Lenín Moreno han logrado que la prensa independiente se muestre esperanzada y cautelosa ante el anunciado cambio de rumbo. Una nueva retórica oficial pareciera confirmar el regreso al camino correcto, el que supone respetar plenamente a una prensa que sea efectivamente libre y mantener un ambiente en el que los periodistas puedan trabajar sin estar expuestos a represalias de todo orden.

El uso del engaño, del discurso y del lenguaje

Una de las tareas de cualquier déspota es la creación de un mundo de apariencias tranquilizantes. Debe persuadir de que existe un proceso de transformación popular, de que su Poder está siendo utilizado para cumplir con promesas o aspiraciones de la mayoría, debe alimentar la idea de que después del líder no hay otro. No le es importante al déspota ser religioso, cumplidor con la ley, misericordioso, frugal sino que le es suficiente *parecer* serlo. Noam Chomsky[47] ha elaborado una lista de las estrategias utilizadas por los dictadores para mantenerse en el poder a través de los medios de comunicación, a saber:

- La distracción: desviar la atención del público de los problemas importantes con una inundación de continuas distracciones y de informaciones insignificantes.
- La creación de problemas: se crea o enardece una crisis que justifique ante la gente la "solución" estatal.
- La gradualidad: para hacer que se acepte una medida inaceptable, hay que darla por goteo, gradualmente y por años consecutivo.
- La de diferir: presentar una medida impopular como "dolorosa y necesaria" para que se acepte en el futuro, pues es más fácil aceptar un sacrificio futuro que un sacrificio inmediato.
- La condescendencia: dirigirse al público como si fuera infantil; el tono, el lenguaje, los argumentos simplistas, son como diseñados para niños de 12 años, no más.
- La emoción: usar la oratoria inflamatoria, los discursos emotivos, en lugar del racionamiento y la lógica.
- La ignorancia: mantener al público en la incultura, sobre todo, a oscuras de qué es libertad y los conocimientos que promueven la excelencia.

- La mediocridad: promover la idea de que está de moda ser vulgar, rústico o irrespetuoso de los buenos modales.
- Reforzar la culpabilidad propia: fomentar la idea de que él es culpable de su propia condición.
- Ensalzar la tecnocracia: imbuir en los ciudadanos la idea de que los gobernantes saben lo que hacen y que para ello cuentan con equipos burocráticos, preparados en universidades extranjeras y escogidos por méritos y no por conexiones con el gobierno.

Parecería que Rafael Correa hubiera sido un estudiante aprovechado de Chomsky.

Los autoritarismos también intentan esconder la realidad de la servidumbre distorsionando el lenguaje y limitando el discurso. Crean organizaciones sociales seguidoras del líder, que aplauden la iluminación de las decisiones del déspota sin cuestionamientos ni dudas. En un autoritarismo no se puede encontrar oradores sino retóricos, porque los verdaderos oradores deben ser capaces de hacer preguntas sustanciales e importantes que vayan más allá de la adulación.

Alteran los conceptos tradicionales de derechos y de libertad, y uno de los discursos más efectivos es proclamarse como adalides de formas más altas y más genuinas de libertad. Se recurre a montajes ficticios para arremeter de la manera más burda y grotesca contra grupos declarados adversarios –neoliberales, pelucones o prensa corrupta-- y en su concepción maniquea los déspotas afirman ser poseedores de la "verdadera libertad". Por ejemplo, la Revolución Ciudadana acabó con la "larga noche liberal", los opositores son cómplices de una "restauración conservadora".

Los autoritarismos también eliminan el tiempo libre para la deliberación, suprimen cierto tipo de preguntas, especialmente aquellas con las que los ciudadanos podrían indagar. Por cuestionar. En su lugar, los súbditos solo hacen preguntas técnicas que perpetúan al régimen y como los interrogantes más acuciosos surgen de los forjadores de opinión de la prensa la censuran. Mientras menor sea el número de revistas, periódicos, radios, estaciones de televisión, acceso a Internet, o teléfonos celulares menos probable es que una nación sea libre.

También utilizan razones científicas o históricas, o los *honoris causa* de Correa para hacer que cualquier crítica sea irracional o no natural o imposible en el sentido común. Los hechos se los confunde y se estrecha la ideología para reafirmar un dogma sostenido con anterioridad. El discurso distorsionado del déspota engaña y oculta la realidad del mundo.

Los súbditos

Los autoritarismos funcionan porque logran aislar a los súbditos entre unos y otros, de tal manera que no puedan organizarse en oposición. Los dictadores retiran a las gentes del campo político y los recluyen a sus hogares. Para mantenerse en el Poder transforman el orden político a uno en el cual los ciudadanos no se puedan reunir a debatir sino que se encierren en sus hogares en donde el poder, por naturaleza, es jerárquico y despótico. Por ello los déspotas eliminan el acceso de los ciudadanos al espacio público, plazas, auditorios, parques y calles.

A la fuerza se prohíben reuniones públicas, se proscriben las asociaciones y clubes, se usa el miedo y la violencia para confinar a la gente a vivir en la seguridad de su espacio privado. Aparece entonces una especie de indiferencia frente a lo que ocurre, un cierto aburrimiento con el debate político, como diría Burbano de Lara (2014).

Asoma un aislamiento psicológico resultado del miedo a la violencia y al terror de una policía secreta. Si inclusive los amigos o familiares son delatores en potencia, esto obliga a que cada uno se quede irremediablemente solo y por ello sea incapaz de una conversación honesta. De esa manera se crean sentimientos de obediencia y sumisión a los que podrían discrepar de las acciones del déspota. El dictador utiliza una mezcla de coerción sutil y patente, de violencia verbal o física y así crear la impresión de que toda oposición es débil o impotente.

El déspota crea una administración centralizada y poderosa que elimina o rompe las asociaciones intermedias para sustituirlas con organizaciones burocráticas, autoritarias y jerárquicas. Si permite una cierta prosperidad económica es para que los actos éticos adquisitivos actúen como fuerzas centrífugas que lleven a hombres y mujeres a buscar beneficios materiales. Demasiado ocupados en los haberes económicos, las clases medias abandonan la esfera pública a cambio de tener comodidades privadas y seguridad.

En estas condiciones hay poco sentido de identidad de grupo y se lo sustituye con simples ideologías para crear un sentido de pertenencia y soluciones simplistas a problemas personales, y, finalmente, porque es inherente a la naturaleza humana el miedo y la separación, la búsqueda para unirse a cualquier grupo libera al hombre de elegir y de la responsabilidad que exige la libertad.

Una característica común de los déspotas es el culto a la personalidad. Para ello eliminan los partidos políticos excepto el propio, identifican su persona con la del estado o de la nación, un día Rafael Correa proclamó: "Escúchenme bien, que el Presidente de la República no es solamente Jefe del Poder Ejecutivo, sino también del Legislativo, Judicial, Electoral, Transparencia y Control Social, de las Superintendencias, Contraloría y Procuraduría". En otras palabras al estilo de Luis XIV *El Estado Soy Yo*.

El marco institucional

El tercer factor a considerarse para el surgimiento y el mantenimiento del despotismo es el sistema legal y las organizaciones que llevan a cabo las leyes y las normas tanto *formales* como *informales*. El sistema legal *formal* se fundamenta en la Constitución y en el Poder Legislativo. De esto emanan las instituciones, ejemplo: el sistema regulatorio como las superintendencias, el servicio policiaco y otras. La institución *informal* para el desempeño de la democracia es lo que Steven Levitsky y Daniel Ziblatt llaman *contención institucional*, que es evitar realizar acciones que, si bien respetan la ley escrita, vulneran a todas luces su espíritu.

Función de las institucionales formales

La institución formal más importante para el progreso de un país es la función Judicial. Se pueden tener todas las reglas más imparciales y generales, más de acuerdo a estándares internacionales, pero si la administración de la justicia está en manos de jueces que rinden sentencias "solo para los de poncho" no puede haber Estado de derecho porque este se cimienta en la *igualdad ante la ley*. El progreso y desarrollo de Europa le debe mucho a esos jueces con sus ridículas pelucas que nunca se amilanaron ante los poderosos y sentenciaron de acuerdo a sus conciencias y espíritus libertarios. El más insignificante ciudadano siempre pudo confiar en que podía "tener su día en la corte".

Diego Ordoñez (2019) resume así, la administración de justicia durante el correato:

"Históricamente en el Ecuador, el poder político e intereses corporativos cooptaron jueces para atender sus órdenes. Por eso se hablaba del dueño del país. Aquel que tenía un sus manos las voluntades de jueces sumisos que rindieron sus togas a su servicio. Pero nada parecido a la forma en la que, en la década saqueada, el corrupto de domicilio desconocido puso la justicia -jueces y fiscales- bajo su bastarda voluntad. Colocó en el Consejo de la Judicatura a Jalkh quien, con operadores anónimos al exterior, pero bien conocidos en el interior de las cortes y los juzgados, manipuló nombramientos, sanciones y sentencias. La clave del control estuvo en nombrar obsecuentes infalibles. Jueces controlados a telefonazo. Las sentencias absurdas,

moralmente corruptas, doctrinariamente corruptas, intelectualmente corruptas, muestran el nivel al que fue arrastrada la administración de Justicia".

Hay que enfatizar, tanto la Constitución del 2008, como el marco regulatorio desde el Consejo de Participación Ciudadana y Control Social hasta las leyes que crearon nefastos organismos como el Sedicom o el Senplades, fueron los pilares institucionales sobre los que se engendró y sustentó el despotismo de Rafael Correa. Dado el nivel de corrupción que se ha develado desde que dejó el Poder se puede concluir que esta estructura se la construyó no solo para *mandar* sino también para *hurtar y medrar* de los privilegios de los que gozaban sus allegados.

La contención: Regla informal fundamento de la democracia

La contención institucional también llamada *templanza o autocontrol,* es más antigua que la democracia liberal. La mayoría de las monarquías, aunque muchas fueron despóticas, no abusaban del Poder porque estaban regidas por el "temor a Dios". En la Edad Media, emergieron ciudades *libres* como Barcelona a donde los siervos escapaban de los excesos de poder de los señores feudales, la pérdida de mano de obra barata llevaba a esos mismos señores a "contenerse".

En una democracia, el líder debe refrenarse y no abusar de los poderes que le conceden las reglas formales. Lo contrario de la contención es explotar las prerrogativas que uno tiene posee de manera desenfrenada. Se trata de una forma de combate institucional destinado a derrotar de manera permanente a los contendientes del partido propio, sin preocuparse por la continuidad del juego democrático.

El abuso del Poder es lo que define a un déspota de un líder político normal. Correa nunca pudo contenerse, ni de palabra ni de acción. Su verborrea verbal era el *leitmotiv* de sus sabatinas. A sus adversarios: banqueros, periodistas, políticos, líderes sociales, había que *destruirlos*, sea por la ley o por acciones encubiertas como el secuestro de Fernando Balda.

La tolerancia mutua y la contención institucional están íntimamente ligadas. Aunque ninguna de estas dos condiciones hayan sido prevalentes antes del correato, y que durante el mandato de Correa se exacerbaran, debe ser preocupación constante si se busca un Ecuador mejor.

La cooptación del sistema jurídico

Mientras que los dictadores de la vieja escuela solían encarcelar, enviar al exilio o incluso asesinar a sus adversarios, los autócratas contemporáneos tienden a ocultar su represión tras una apariencia de legalidad. Correa utilizó la consulta popular para *legitimar* su hiperpresidencialismo.

Se prohibió a dueños de bancos y otras instituciones financieras tener control sobre medios de comunicación así como tener fondos en "paraísos fiscales" y, especialmente, consiguió su tan ansiada *reelección indefinida*. Prohibiciones menores como consumo de licor en fines de semana, casinos o corridas de toros fueron "cuñas de madera" para lograr el favor del electorado.

La fachada de legitimación es importante para hacerse con el control del sistema jurídico. Una de las medidas más claras que Correa deseaba hacerse con todo el poder político fue su "metida de manos en la justicia". Aunque Benjamín Cevallos fuera ratificado como presidente de la Judicatura, el nuevo Consejo de la Judicatura fue en manos de Gustavo Jalkh utilizado para nombrar jueces y fiscales afines al correato y decidir sentencias según los mandatos de Alexis Mera, el secretario jurídico de la presidencia[48].

El presidente puede infringir la ley, amenazar los derechos de la ciudadanía e incluso saltarse la Constitución sin tener que preocuparse que tales excesos sean investigados o censurados. Por eso Correa logró establecer un sistema de impunidad de tal magnitud que aun cuatro años después de terminar su presidencia se ha hecho difícil la lucha contra la corrupción. Los tribunales continúan repletos de personas afines al correísmo y todavía siguen enquistados en el gobierno de Lenín Moreno.

La importancia de la institucionalidad

Según Daron Acemoglu (2012), la clave del fracaso o éxito de un país radica en el conjunto de reglas y de los organismos que las hacen cumplir. Las reglas políticas establecen cómo se escoge el gobierno y cuál parte del gobierno tiene el derecho para hacer qué; es decir, las instituciones políticas determinan quién tiene el poder en la sociedad y hacia qué fines se utiliza o se puede utilizar ese poder. Mientras que las reglas económicas son aquellas que fomentan la inversión, el comercio, la producción y la innovación tecnológica.

Cuando las instituciones políticas son suficientemente centralizadas y pluralistas, se conoce como instituciones políticas *incluyentes*, y es cuando el poder no puede ser abusado y consecuentemente tiene resultados positivos. Cuando no hay centralización política y no hay pluralismo, se dice que las instituciones políticas son *extractivas*, en este caso se facilita y promueve el abuso del poder. Las instituciones políticas extractivas son un obstáculo al crecimiento generalizado de la población. Las incluyentes son básicamente las de una república democrática también llamada democracia liberal: igualdad ante la ley, protección de derechos civiles, estado de derecho, independencia de poderes, alternabilidad de autoridades, etc.

De la misma manera, Acemoglu define las instituciones económicas *extractivas*, por ejemplo, son las que permiten y aseguran que la propiedad privada sea solo para aquellos que tienen acceso al gobierno, y que los impuestos, más que para la provisión de servicios públicos, sean usados para beneficiar a unos pocos. Las instituciones económicas como el proteccionismo, el control de precios, las limitaciones al ingreso o éxodo de empresas, el *capitalismo-de-compinches* (el favoritismo hacia ciertas empresas), son un obstáculo al desarrollo de una cultura emprendedora.

Al contrario, las instituciones que promueven el funcionamiento del mercado se conocen como incluyentes y son: la seguridad en la propiedad privada, un sistema legal imparcial, reglas por las cuales la gente pueda intercambiar y contratar, libertad para ingresar a cualquier negocio u ocupación, así como provisión de bienes públicos que proporcione oportunidades a todos, el acceso a cualquier ocupación y que permitan a los jóvenes escoger sus carreras.

La seguridad en los derechos de propiedad es una condición esencial y central para permitir y dar cabida a los que quieren invertir o incrementar la productividad. Las instituciones económicas incluyentes requieren también que las oportunidades económicas y los derechos de propiedad no sean solo para la élite sino para una gran mayoría de la sociedad. La seguridad en los derechos de propiedad, los servicios públicos, y la libertad de contratar y de intercambiar todos deben estar asegurados por el Estado, porque es la institución con la capacidad coercitiva para imponer el orden, prevenir el robo y el fraude y obligar el cumplimiento de contratos entre las partes privadas.

Para que una economía tenga un buen desempeño también necesita la provisión de servicios públicos: caminos y redes de transporte para que los bienes sean trasladados a los mercados; una infraestructura pública como puertos, aeropuertos y telecomunicaciones son indispensables para que la economía florezca, inclusive algún tipo de regulación básica para prevenir el fraude o los abusos de poder que también se dan en el sector privado.

Las instituciones económicas incluyentes también comprenden el acceso a la educación, a servicios médicos y de salud, es decir, lo que se conoce como economía *social* de mercado. En este tipo de sistema económico los adolescentes saben que pueden ser emprendedores o empleados, pueden ahorrar sabiendo que sus ahorros pueden ser útiles para la vejez, o para invertir. En otras palabras, la democracia liberal en lo político y la economía social de mercado en lo económico crean un sistema, un entorno optimista y esperanzador.

El socialismo del siglo 21 o el *proyecto político* de la Revolución Ciudadana se fue totalmente contra este marco institucional. El mercado se reemplazó por el gobierno, la democracia liberal con una democracia participativa. El gobierno encargado de la *matriz productiva*, fue un fracaso como veremos en el siguiente capítulo. La democracia participativa fue descaradamente despótica, intransigente y hasta desprovista de humanidad. El legado institucional robó la esperanza de los jóvenes ecuatorianos, al dejarlos sin educación de calidad, dejarlo sin oportunidades, desempleados, susceptibles a enfermarse sin cuidados y, sobre todo, sin *libertad*.

CAPÍTULO 4: LOS LEGADOS DEL CORREATO

◆ ◆ ◆

Los correístas ha proclamado a los cuatro vientos que el correato fue **una década ganada**. La evidencia indica que fue todo lo contrario, fue una década *desperdiciada*, una década en la que **nos robaron hasta el amanecer.** Fue una década en la que la opacidad, la corrupción, la mendicidad, el cinismo, era como un cáncer que fue creciendo hasta hacer metástasis. El país quedó endeudado hasta la coronilla, sin fondos de ahorro para enfrentar cualquier eventualidad. Esta llegó con la pandemia COVD-19, la cual develó la inmensidad de la penuria económica y destapó la corrupción que llegó a los extremos de que hubo robos hasta en medicinas. La mesa no solo que quedó vacía sino patas arriba. Si hubo alguna vez una "larga noche neoliberal", lo que nos dejaron fue una "negra pesadilla" de la cual no nos despertaremos en menos de una década.

El truncado amanecer económico

La dolarización fue el *despertar económico*, la evidencia al respecto es abrumadora. Rafael Correa estuvo en su contra, hasta publicó una ponencia en la que indicaba cómo se podía desdolarizar (2004). Aunque, ya de presidente, dijo que no era posible desdolarizar, lo intentó a través de la creación de un *dinero electrónico* que lo administraría el Banco Central. Fue tal el rechazo a la medida que al fin tuvo que abandonar la propuesta.

En el aspecto económico la dolarización había facilitado una estabilidad monetaria para que la economía creciera, aunque haya sido *lenta* se había incrementado en las administraciones de Gustavo Noboa y Lucio Gutiérrez; poco a poco comenzaba el ***amanecer*** pero el correato en lugar de aprovechar los ingentes recursos que ingresaban por el alto precio del petróleo escogió endeudarse, aun violando la Constitución que prohibía una deuda superior al 40 por ciento del Producto Ingreso Bruto. Hasta llegó el triste despertar de la pandemia.

Lo más triste del caso es que el gobierno del Ecuador tuvo los mayores recursos fiscales en su historia, se calcula que ingresaron alrededor de 300 mil millones de dólares. Como se ha mencionado antes, se estima un desperdicio de 70 mil millones entre despilfarros y aprovechamiento doloso. Y a pesar de tener esos ingresos tuvo que recurrir al crédito para administrar el gasto fiscal, debido a un abultado crecimiento del sector público. Escribe Walter Spurrier (2019)*:*

> *"[El problema fundamental en la economía fue decidir que el motor de la economía sería el gobierno y sus políticas redistributivas]. Comparemos la situación del 2018 con 2006, último año sin Rafael Correa. Entonces, el rol de pagos de todo el sector público (incluyendo gobiernos locales), era de USD3.000 millones. Si hubiera crecido al mismo ritmo que la economía, debía haber alcanzado USD7.500 millones en 2018. Pero no, fue USD10.600 millones, o sea se gastaron USD3.000 millones de más.*
>
> *Para funcionar, la administración pública requiere comprar suministros. Compró USD1.500 millones en 2006 y USD6.200 millones en 2018: según el mismo cálculo anterior, gastó USD2.600 millones de más.*
>
> *Sumemos USD2.600 y USD3.000 y tenemos*

USD5.600 millones. **Si el correato no hubiera aumentado el gasto descontroladamente, no habría problema fiscal**" (énfasis mío).

El manejo económico fue absolutamente irresponsable. El abultado déficit fiscal aumentó el riesgo país y con él el costo financiero para toda la economía. Pero no es suficiente resolverlo. Una buena parte del sector empresarial se acostumbró al *rentismo* y al proteccionismo estatal –fuente maligna de corrupción--, la negativa a firmar acuerdos comerciales con los EE. UU. –aunque a última hora se firmó uno con la Unión Europea-- estancó las posibilidades de crecimiento de las exportaciones. El supuesto *cambio de matriz productiva* (que nadie sabe qué mismo fue) aumentó la incertidumbre que a su vez redujo aún más la inversión privada. Las consecuencias del modelo económico van a durar no menos de unos diez años.

Porque no se puede reducir el gasto fiscal sin reducir el gasto corriente que en su mayor parte es la masa salarial de los empleados públicos: ¿Quién se atrevería a despedir 100.000 burócratas que es lo que se necesita para reducir el gasto público al 30 por ciento del PIB? No digamos los que se necesitarían para reducirlo al 20 por ciento que existía antes del correato. El costo de la mano de obra, los impuestos, los aranceles, el oligopolio de la banca y de los supermercados, la colusión masiva en el transporte público, son problemas que se agudizaron en el correato pero que algún día tendrán que solucionarse so pena de seguir siendo una *banana republic.*

Todo sistema económico opera bajo un sistema institucional que a su vez se fundamenta en la Constitución, la ley suprema del Estado. Para que un sistema económico sea eficiente tanto en la creación como en la distribución de los recursos debe incluir la seguridad jurídica. Un Estado, como lo llama Adam Smith, **propio**, da espacios a la empresa privada (mercado libre), protege y aumenta la *libertad* económica[49]; que crea una institucionalidad que protege los derechos individuales, en particular el derecho a la expresión y a la propiedad privada son las características de un Estado propio. Lastimosamente, el régimen tributario ecuatoriano es anti técnico y el regulatorio es extremadamente complicado, razones por la cuales la inversión en el sector privado es tenue. ¿Cómo puede un banco extranjero establecerse en el Ecuador cuando los propietarios (accionistas) y los administradores no pueden tener actividades que no sean las financieras que decide el gobierno?

Un Estado propio invierte en infraestructura pero a base de estudios técnicos, evitando el mayor despilfarro de fondos que son de la población. ¿Cómo se puede justificar que la Corporación Nacional de Telecomunicaciones (CNT) haya perdido casi 2 millones y medio de dólares en la compra de teléfonos celulares --la empresa estatal dejó que se acumulen-- con *tecnología* que pasó de moda a vista y paciencia de las autoridades de turno[50]? Correa y sus partidarios se enorgullecieron de las carreteras, las plantas hidroeléctricas, los hospitales, las escuelas de milenio. Al final parecen ser un pueblo Potemkin[51], sobrepreciadas, mal construidas, sobornadas e inservibles.

El truncado amanecer social

No hay mejor solución al problema social de la pobreza que la creación de empleos. El correato dejó un sector laboral extremadamente precario, es un tema especialmente sensible porque una tercera parte del empleo corresponde a actividades de sectores informales de la economía. Antes de la pandemia, apenas el 47 por ciento de la población económicamente activa tenía un empleo adecuado. La dolarización detuvo el deterioro de los salarios debido a la inflación, las políticas fiscales con respecto a la educación y a la salud habían logrado una disminución gradual de la pobreza, y una significante reducción en el desempleo informal. El régimen laboral es otro obstáculo para la creación de empleos, el cálculo del salario mínimo no va de acuerdo a la productividad sino a intereses políticos. Un consumidor se beneficia en la medida en que hay una mayor variedad y cantidad de bienes y servicios a los que tiene acceso.

¿Cómo se puede admitir y aceptar que los hoteles y los taxistas utilicen la extorsión como instrumento para evitar la competencia que ofrecen los avances tecnológicos?

Que faltaba mucho por hacer es indudable y que el gobierno de Correa pudo haber hecho más también es evidente. Pero la causa del problema es lo que Felipe Burbano de Lara (2019) llama "La modernización estúpida". Dice así:

> ¿Cómo calificar la obsesión modernizadora de la que hizo gala la revolución ciudadana? ... ¿Cómo calificarla después del anuncio oficial de reabrir 1.000 escuelas comunitarias rurales, en una primera fase, de las 7.000 que fueron cerradas por los revolucionarios? El ministro de Educación, Milton Luna, ha dicho que el cierre de las escuelas comunitarias puede ser calificado como un etnocidio.
>
> A pesar de todos los títulos académicos... fueron unos modernizadores estúpidos –disculpen la rudeza– e ignorantes que arrasaron con todo. Ahí está Yachay: una infraestructura multimillonaria, de enormes edificios, hoy semi-abandonada, que se construyó en un valle agrícola inmejorable. La revolución ciudadana no hizo 3 o 4 hidroeléctricas, hizo 8, con intervenciones brutales sobre la naturaleza y los espacios sociales circundantes. Aún está por investigarse el impacto y la destrucción social, moral, espacial, que trajo el proyecto Coca Codo Sinclair, donde se instalaron más de 7 mil trabajadores, la mayoría de ellos chinos, al pequeño pueblo de su alrededor. ... Las ciudades del milenio construidas en Pañacocha y en el Cuyabeno, por fuera de toda historia cultural de los pueblos kichwas, son monumentos de estupidez modernizadora. Allí está la refinería del Pacífico: invirtieron cientos de millones de dólares y destruyeron miles de hectáreas de bosque seco para nada.... A estas idioteces las llamaron transformaciones revolucionarias. A lo anterior se suma el ITT, convertido en territorio inexpugnable del Estado

buldócer.

Las escuelas rurales debían ser sustituidas por las del milenio, con su uniformidad arquitectónica. Se construyeron alrededor de 120, en las que invirtieron más de 800 millones de dólares. Las evaluaciones de impactos dan resultados mediocres; mejoró la educación en matemáticas, se estancó en lenguaje y la matrícula en formación básica y bachillerato siguió igual. El cierre de las escuelas rurales retrata un Estado civilizador, piloteado por una élite todopoderosa, que desconoció, por ignorancia y arrogancia, las dinámicas sociales y culturales de los procesos de cambio. Las escuelas comunitarias fueron cerradas porque constituían –según Correa– escuelas de la pobreza. Habrá que medir la pobreza en las comunidades donde se cerraron para evaluar la frase grandilocuente del simplón y superficial Correa. Actuaron como nuevos ricos, llenos de dinero, convencidos de que la modernización llegaría en diez años desde arriba gracias a un Estado mágico. Modernizadores a lo bruto, sin respetar los procesos, la historia, la geografía, el espacio, las dinámicas sociales y culturales, ni los largos aprendizajes de los grupos subalternos. **Destructores y colonizadores del siglo"** (énfasis mío).

Miles de millones despilfarrados, elefantes blancos por doquier, hospitales con equipos ultramodernos embodegados porque no disponen de personal especializado para su manejo, y a pesar del ingente gasto los indicadores de salud se han deteriorado. Así lo demuestra Tomás Rodríguez León (2017):

- *Mortalidad materna.* Este indicador señala que el Ecuador se encuentra en segundo lugar por debajo de Venezuela. La MM como un Objetivo de Desarrollo del Milenio debía reducirse en un 75 por ciento pero la reducción es del 40 por ciento.
- *Desnutrición crónica infantil.* En el Ecuador existen

altos índices de desnutrición aguda, crónica y anemia, la desnutrición crónica proteica infantil es la que mayor impacto y lesión ocasionan a la sociedad.
- *Salud mental.* No existen suficientes guías de práctica clínica y manuales de atención, no se abordan temas como la autoestima, autocuidado sanitario y la solidaridad. En el Ecuador los médicos especializados en psiquiatría no superan los 250. La Organización Mundial de la Salud recomienda un psiquiatra por cada 100.000 habitantes. Siguiendo esta proporción, en Ecuador serían necesarios unos 1.300.
- *Enfermedades producidas por vectores.* El dengue ha tenido un rápido aumento de casos: de 19.884 en 2011 a más de 120.000 en 2015. En paludismo, el Ministerio indicó que hay 592 afectados. En chikungunya, 1.714, confirmados hasta septiembre del 2016 por el Ministerio de Salud Pública
- *Enfermedades crónicas degenerativas.* El 80,8 por cada 100 mil habitantes sufren de diabetes, hipertensión arterial, cáncer, enfermedades cerebrovasculares o las enfermedades isquémicas del corazón y que son las principales causas de muerte que pueden ser reducidas con previsión.

El sistema previsional del Ecuador es un verdadero desastre. Así describe el problema Gabriela Calderón de Burgos (2020): "El Instituto Ecuatoriano de Seguridad Social (IESS) no tiene mucho de seguro ni de social. Debido a que históricamente ha sido una institución politizada, el ahorro de los trabajadores ecuatorianos corre peligro a largo plazo y su atención médica suele consistir en largas esperas para agendar una cita médica o por un diagnóstico y recetas incompletas. Incluso según el escenario más optimista, el Instituto Ecuatoriano de Seguridad Social (IESS) tendrá un déficit actuarial de $4.500 millones para el año 2058 si es que el estado mantiene su aporte de 40% a las pensiones y si las inversiones del IESS tienen un rendimiento promedio de 6,25%. Bajo estas condiciones, el último año de saldo positivo sería el 2053. Es decir, que para quienes hoy tienen apenas 27 años, el seguro social quizás no les podrá honrar la pensión y beneficios prometidos dado que sus finanzas estarán en rojo. Quizás les tocará seguir trabajando unos años más o incrementar aportes si es que nuestra clase política adopta las usuales medidas parche".

El truncado amanecer político

Cualquier gobierno debe administrarse según el marco institucional fundamentado en la Constitución. Rafael Correa inició su mandato violando la Constitución de 1998, que era la que estaba vigente en ese entonces. Tampoco respetó su propia Constitución, hizo 23 cambios constitucionales en 9 años de administración.

Es importante para un déspota destruir la institucionalidad vigente, sea esta la gubernamental, judicial, religiosa, familiar o educacional y sustituirla con una obediente a sus mandatos. Todas las tiranías tienden a subyugar y someter al poder legislativo y judicial. Al primero porque así pueden hacer leyes a su voluntad que les protejan contra la oposición., y al segundo, extremadamente importante, para someter al poder judicial con el fin de que sus violaciones a la ley no sean procesadas. Como parte de este esfuerzo, las instituciones internacionales que protegen los derechos individuales se demonizan y proscriben. Así atacó la legitimidad de instituciones internacionales como la Comisión Interamericana de Derechos Humanos, aunque años después buscara la intervención de la CIDH para su defensa, aduciendo que estaba siendo "perseguido políticamente".

Correa buscaba centralizar sus poderes y controlar todo el aparato estatal. Con ese propósito "metió mano en la justicia" como él mismo lo dijo. "En el 2015 el Legislativo, de mayoría correísta, aprobó un paquete de 15 enmiendas constitucionales que, con el aval de la Corte Constitucional, no pasó por consulta popular previa. Si bien las enmiendas abarcaban aspectos diversos de la institucionalidad ecuatoriana —restricción de derechos fundamentales de los ciudadanos, modificaciones del Código del Trabajo, competencias de órganos de control como la Contraloría y la Defensoría del Pueblo, entre otros—, las más relevantes estaban relacionadas con la concentración del poder en la figura presidencial y la reelección presidencial indefinida (Modificación al artículo 144 de la Constitución)... Se tomaron medidas de "descorporitización" estatal que excluyen a la sociedad civil de consejos gubernamentales, la reforma del Código del Trabajo debilitó el poder sindical y se tomaron medidas de control sobre la educación superior, entre otras medidas toda para fortalecer aún más, en la práctica, el diseño desequilibrado del poder en beneficio del Ejecutivo"[52]. El hiperpresidencialismo (por diseño institucional y por práctica correísta) fue el marco institucional que regiría en el Ecuador por diez años: consecuencia inevitable de la Constitución del 2008. Sostiene Osvaldo Hurtado (2012):

> *Correa se interesó en instituciones y facultades que le permitieran gobernar a sus anchas, sin que ninguna instancia jurídica o política pudiera estorbar sus decisiones y menos fiscalizarlas. La Constitución fortaleció la Función Ejecutiva, debilitó la Función Legislativa y, en nombre de la democracia participativa, creó una instancia a través de la cual el presidente terminaría nombrando a los titulares*
>
> *[Como] la Función de Transparencia y Control Social, llamada quinto poder del Estado, representada por el Consejo de Participación Ciudadana y Control Social (CPCCS), sin antecedentes en el derecho constitucional ecuatoriano y en la teoría política. Sus miembros debían ser propuestos por organizaciones sociales y la ciudadanía y seleccionados mediante concursos de méritos. Sus funciones eran: combatir la corrupción, promover la participación popular y nombrar a las autoridades de las más im-*

portantes instituciones del Estado. Este organismo hizo realidad la demanda de los grupos políticos revolucionarios de que la democracia "formal", "burguesa" y meramente "electoral" fuera sustituida por una democracia directa en la que el pueblo intervenga permanentemente y se represente a sí mismo. A un órgano que no se originaba en la voluntad popular se le entregó la facultad de designar, directamente o con la intervención de otros organismos: Corte Nacional de Justicia, Corte Constitucional, Consejo Nacional Electoral, Consejo de la Judicatura, Procurador, Fiscal, Contralor, Superintendentes y directores del Banco Central. Con esta reforma se sustrajo una facultad de los congresos nacionales, elegidos por millones de electores, y se la entregó a organizaciones integradas

Como se ha podido observar en los últimos párrafos, aun en un gobierno inusualmente estable que se mantuvo en el poder por diez años, como no había sucedido en la historia del Ecuador, la ley fundamental del Estado siguió siendo una norma inestable, pues sufrió numerosas reformas. Más aún, la Constitución fue modificada de hecho, mediante leyes, decretos ejecutivos y hasta disposiciones administrativas, esto es, por normas de menor jerarquía, y no a través de los procedimientos en ella establecidos. Hasta llegó a ser ignorada o interpretada por el presidente de la República en función de sus conveniencias.

Lo más trágico del modelo político fue la promulgación de leyes que permitieron el despilfarro, la corrupción y la violación sistemática a los derechos humanos. Las cortes se convirtieron en instrumentos de criminalización y los estándares sobre derechos fueron letra muerta en un papel. La Asamblea estuvo totalmente controlada por el buró político en el cual era Rafael Correa quien tenía la última palabra. Ejemplo: cuando se discutía la despenalización del aborto por violación en el Código Orgánico Integral Penal, la propuesta tenía el apoyo de asambleístas de Alianza País, el presidente y otros funcionarios los regañaron y tuvieron que desistir en su objetivo.

El desarrollo y el progreso de un pueblo dependen –entre otros factores-- de un andamiaje institucional que propicie la paz, la justicia y el derecho de cada persona a su vida, a su integridad y al derecho a buscar su propia felicidad. El sistema político que ha demostrado a través de los 200 y más años de historia que logra estos objetivos es la democracia liberal *representativa* o **república,** es decir por la elección de representantes de la ciudadanía en el proceso de decisiones políticas respetando siempre los derechos humanos, aun sobre la Constitución misma.

La corrosión del sistema electoral

La democracia liberal tiene como uno de sus pilares institucionales las elecciones periódicas de sus gobernantes y representantes. El sistema electoral debe ser ético, transparente y equitativo. Los ciudadanos deben ser representados por los partidos políticos de tal manera que en realidad "representen" los deseos de sus partidarios. Cuando uno busca un médico cuando tiene un problema de salud lo hace porque no puede aprender medicina de un momento a otro o cuando uno tiene un problema legal busca a un abogado en lugar de ponerse a aprender jurisprudencia, de esa misma manera uno busca un partido político con una ideología que se aproxime a las ideas que uno tiene con respecto al sistema gubernamental, en otras palabras uno encomienda al médico o al abogado o al político lo que uno anhela.

Uno de los problemas que buscó resolver la Constitución de 1998 fue la reducción del número de candidatos que dispersan la voluntad popular y la solidificación de los partidos políticos. La multiplicidad de candidatos conlleva a la nominación de personas que son "conocidas", como figuras del deporte, de la farándula, de la radio o televisión, más que individuos con visiones claras de lo que quieren llegar a hacer, y no solo con deseos de figurar.

El sistema electoral que se creó que en el correato permitió la proliferación de movimientos y partidos a nivel nacional y local. Son más de 200 los registrados en el Consejo Nacional Electoral que fueron aprobados pero muchos no tienen un ideario claro ni los objetivos de su programa de gobierno, ni cómo financiar sus campañas. La razón justificada de este bodrio fue la mentada democracia *participativa*. Como todos tienen acceso a dineros del gobierno --si cumplen ciertas características-- se incentivó la creación de pequeños grupos que se aseguraban obtener esos recursos si formaban alianzas con segmentos de otros partidos. Detrás del justificativo de facilitar la participación política de la ciudadanía estaba el afán de debilitar la *partidocracia*, pues los partidos políticos, como explican Levitsky y Zablat, son muros de contención al abuso de poder.

Otra aberración fue el sistema de asignación de escaños en las elecciones pluripersonales. Se aplicó el sistema D´Hont porque favorece al partido más poderoso anulando las minorías, lo cual repercutió en que una mayoría de Alianza País se conformara en todos los cuerpos estatales colectivos, como la Asamblea Nacional o los Concejos cantonales.

Tampoco Correa dudó en utilizar los bienes del Estado para sus campañas electorales. Durante el correato, las donaciones a su partido y a sus candidatos fueron llenos de opacidad, con el juicio llamado Sobornos se está comprobando que extorsionaron y obtuvieron sobornos de empresas que contrataban con el Estado.

La ley que amordazó la prensa

Todo poder autoritario tiene como primera consigna acallar la prensa libre, se asocia con ella la influencia que tiene en la opinión pública y que diseminan ideas que afectan nocivamente a la gobernabilidad, la paz y convivencia social. Es frecuente que los dictadores y pretendientes a dictadores acusen a los dueños de los medios de comunicación de poseer poderes "fácticos" que podían movilizar a las masas para imponer su visión política, económica y social. Correa tildó a la prensa de ser "un actor político" y que la Constitución establecía un "Estado de derecho y no de información". En una de sus sabatinas Correa rompió de nuevo el ejemplar de un periódico luego de decir: "Los medios de comunicación que, en su mayoría son negocios privados, creen que pueden decir lo que les da la gana, decidir lo que publican y lo que no publican. Eso se llama manipulación y censura, y qué bueno que la Ley de Comunicación defienda el derecho ciudadano a estar bien informado"

Después de diez años de atropello a la libertad de expresión, ha quedado claro que una prensa libre es condición indispensable para la solidificación de la democracia, para descubrir la corruptela de los gobernantes, para construir un puente entre la población y el gobierno y para el desarrollo de valores cívicos de la ciudadanía. Pero el papel más importante de una prensa libre es controlar el abuso del poder, sea político o económico. La prensa no tiene la obligación de aplaudir aciertos pero sí de señalar errores. Y eso es lo que no gusta a los déspotas.

El asalto a la libertad de expresión se produjo cuando se emitió la Ley Orgánica de Comunicación, teniendo como uno de sus fundamentos el concepto peculiar de que la *comunicación es un bien público*[53], por lo tanto sujeto a regulaciones gubernamentales. Sin duda, una de las más restrictivas en la Región[54]. La ley creó la Superintendencia de Comunicación (Supercom), un organismo convertido virtualmente en un Tribunal de Inquisición.

El gran saqueo

Durante el gobierno de Correa, muchos levantaron pequeñas y grandes fortunas: empresarios, burócratas, políticos, pelucones, pseudo intelectuales y falsos líderes sociales, todos robaron en mayor o menor escala. Más allá del robo del erario que fue ubicuo, un buen grupo de jóvenes y periodistas optaron por callar por miedo o conveniencia. La influencia de la corrupción en la sociedad ecuatoriana fue tan nefasta que robaron recursos para aliviar a los damnificados del terremoto de Manabí y Esmeraldas. Según Lucía Fernández de Genna (2020). Presidente de la Cámara de Comercio de Manta afirmó que: "el 90 por ciento de la plata del terremoto se lo llevaron".

La lista de casos de corrupción se agranda semana tras semana. Fernando Villavicencio, por Twitter, anunció recientemente que "19 mil documentos reservados de deuda pública quedarán al descubierto 64 mil millones de dólares destinados a la farra, a financiar obras inservibles y sobreprecios y a llenar las cuentas bancarias de sus partidarios". A pesar de la magnitud del saqueo material, uno de los más grandes perjuicios legados del correato es el debilitamiento de la fibra moral de los ecuatorianos.

El saqueo moral

Todo pueblo tiene un set de normas, formales e informales, que inciden en la vida normal de las personas. Este set es producto de los valores culturales, es decir, de las costumbres, de las actitudes, de la perspectiva hacia la vida. Que la cultura es un factor importante en el desarrollo y el desempeño económico, político o sociológico ha sido estudiado en la literatura[55]. Los criterios del bien y del mal, el llamado *ethos*, es la parte de la cultura que determina cómo el individuo se relaciona con los demás. Si el ethos contiene elementos como desconfianza, "viveza criolla" o dedicación al trabajo, honestidad el resultado es retraso o progreso político, social o económico respectivamente. Pero los sistemas o las colectividades no son morales ni éticas[56], la conducta moral es atribución propia de los individuos. Los sistemas propician o controlan las tendencias antisociales.

La "viveza criolla" de Correa

y sus adláteres

Esta expresión contempla y engloba una especial *filosofía de vida*, de querer siempre obtener alguna ventaja, de querer siempre recorrer la línea de mínima resistencia y mayor comodidad. No es un defecto solo de los ecuatorianos pues el término parece originarse en Argentina y se ha difundido en toda América Latina.

Al iniciarse la administración de Correa circuló un video mostrando al entonces Ministro de Finanzas, Ricardo Patiño, haber utilizado una artimaña para reducir la deuda externa en posesión del sector privado internacional. La "viveza" consistía en anunciar el repudio a la deuda y con ello lograr que el valor de los bonos se redujeran y luego comprarlos al precio bajo. Así se hizo, el gobierno aseguró el 12 de febrero que se acogería a una mora técnica de 30 días para concretar el pago de 135 millones de dólares de un cupón del bono Global 2030 ECUGLB30=RR por dificultades fiscales.

No obstante, el 14 de febrero ordenó la transferencia de los recursos a los acreedores. La transacción desató una serie de especulaciones que influyeron en la cotización de los bonos soberanos de Ecuador. Dejó en el mercado financiero internacional un precedente que todavía persigue al Ecuador en forma de un aumento en el Riesgo País, que se ha mantenido solo por encima de Venezuela en todos estos años. Y ha sido uno de los factores más importantes porque las tasas de interés, que el Ecuador ha tenido que pagar, han sido más altas que para otros países de la región.

La viveza criolla también se manifiesta en la apropiación de fondos públicos por parte de funcionarios y jerarcas deshonestos. A finales del 2014, el precio del petróleo comenzó a caer en picada. El gobierno de Correa no estaba muy dispuesto a cortar el gasto público (que había sido uno de los factores de su alta popularidad) pero tenía que encontrar fondos de algún lado. Los encontró en las reservas internacionales del Banco Central de Ecuador. Primero, empeñó el oro a la firma de inversiones Goldman-Sachs, pero como no fuera suficiente, observó que en los activos del balance aparecían *depósitos de la banca* (dineros para cubrir el encaje bancario y otros) en un monto mayor a 6 mil millones de dólares. La *viveza* consistió en reformar la ley que obligaba a mantener esa parte de la liquidez bancaria (dinero de sus depositantes) en el BCE. En efecto, en septiembre del 2014 se emitió el Código Monetario y Financiero eliminando la obligación de tener el dinero de los bancos en forma líquida y permitiendo al BCE otorgar préstamos al gobierno. La deuda del gobierno llegó a casi 6 mil millones. Se completó la picardía convirtiendo la deuda en acciones de la Corporación Financiera Nacional y del Banco del Pacífico. Esta *viveza* le costaría al país que los préstamos del Fondo Monetario Internacional fueran dedicados a cubrir las reservas internacionales faltantes y no a gastos de inversión pública en infraestructura como hubiera sido lo correcto.

Las mentiras y el cinismo habitual

La toma de posición frente a un tema donde está en juego la ética pública y la honestidad es una de las poquísimas pruebas que un político puede dar a la sociedad de su compromiso con los valores y principios democráticos.[57] La tónica del gobierno de Correa en materia de ética fue habitual, cínica, impertérrita ante la crítica. Fue mucho más allá de lo aceptable. Una búsqueda en Google reporta más de veinte referencias a la falta de honestidad de Rafael Correa y 351 resultados sobre la ética de Correa en la revista digital *4pelagatos*.

Pero no solo fue Correa quien mentía, sino también sus allegados. René Ramírez, Secretario de Educación Superior Ciencia y Tecnología e Innovación de Ecuador (SENECYT) montó una farsa espectacular alrededor de unos supuestos inversionistas en Yachay Tech. Se inventó, en plena campaña electoral, que la Universidad Georgetown había realizado una encuesta que daba 23% de votos de ventaja a Lenín Moreno sobre Guillermo Lasso (41%-18%.). Hizo parte de la adulteración de documentos en el IAEN gracias a la cual desaparecieron las pruebas de que su esposa recibió en 2016, durante tres meses, un doble salario como vicerrectora de esa institución. Y, antes de irse hizo convenios con *Ciespal* (José Hernández, 2018) y se otorgó un trabajo con un salario mensual de $5.580[58].

El cinismo de Correa es patológico. Cuando Mario Santi, dirigente de la CONAIE, habló del irrespeto del Gobierno al movimiento indígena y a sus líderes al tildarlos "de cuatro pelagatos, chiflados que representan el 2 por ciento de la población", Correa molesto preguntó: ¿dime Marlon, quién es ese estúpido que dijo eso? El líder de la CONAIE respondió: "Usted señor Presidente".

A petición del expresidente la CPCCS nombró una veeduría para investigar los contratos con su hermano Fabricio. Declaró que renunciaría si se encuentra que él (Correa) sabía de los negocios de su hermano. El coordinador Pablo Chambers informó en rueda de prensa que la veeduría llegó a cuatro conclusiones: (1) que hubo favoritismo de parte de las entidades públicas para adjudicar los proyectos a las empresas relacionadas a Fabricio; (2) que existió ilegalidad en estas adjudicaciones; (3) que el Estado habría sido perjudicado en aproximadamente $ 143 millones. Y (4) que había documentos demostrando que Correa **sí conocía** la existencia de los contratos de su hermano y que sus empresas recibieron más de 600 millones en contratos y subcontratos. Correa demandó por supuesto falso testimonio y perjurio en contra de los veedores: Pablo Chambers, Gustavo Portillo, José Quishpe y Víctor Hugo Hidalgo. Los dos primeros fueron declarados culpables y sentenciados a un año de cárcel.

La neolengua: el uso de eufemismos para controlar

En 1948, el novelista inglés George Orwell en su libro *1984*, acuñaba el término *neolengua* para explicar cómo los eufemismos eran utilizados por una dictadura para controlar a los ciudadanos. La revista digital *4pelagatos* ha venido compendiando "El diccionario del correísmo" para demostrar cómo Correa tergiversó "el sentido de las palabras hasta que amolden a sus intereses. El ´despido intempestivo´ le dicen ´renuncia obligatoria´; las afectaciones al erario son errores de buena fe ´; y al paquetazo nos lo venden como ´medidas de ajuste temporal´. O a la inversa: los periodistas son ´sicarios de tinta ´, los activistas son ´lanzapiedras y las protestas públicas son ´golpes blandos´.

En el pensamiento jurídico ecuatoriano se incorporaron figuras hasta hace poco desconocidas, como la responsabilidad penal coadyuvante, el linchamiento mediático, el derecho del Estado a obligar a la prensa a publicar réplicas del Gobierno que las considerara irrespetuosas a la majestad presidencial o el servicio público de la comunicación social.

En este proceso correísta de permanente remodelación del diccionario, no ha habido un término más vapuleado que el de la "democracia". En un primer momento, Correa logró reducir la democracia a una simple cuestión numérica visible en las urnas: existía democracia porque los que votaban por él eran "más, muchísimos más". Dan Abner Barrera Rivera (2019) analizando la opinión de Correa con respecto a los gobiernos de Cuba y Venezuela encuentra que para él (Correa) "eran verdaderas democracias, aunque no el sentido de democracias "liberales".

La violencia verbal y su difusión a la sociedad

El lenguaje de Correa en las sabatinas era un lenguaje peyorativo, vulgar y soez. Lourdes Tibán (2018) presenta una lista de 216 adjetivos contra quienes opinaban distinto. En el 2010, la organización *Ethos* recopiló casi 500 "palabrotas" del Primer Mandatario para referirse a políticos, periodistas y empresarios. Así, los más célebres son: "gordita horrorosa", "bestias salvajes" "ecologistas infantiles", "pelucón", "cachetón", "basura", así como la infaltable "prensa corrupta". "Parecería que el discurso agresivo y fulminantes del Presidente se ha esparcido a todos los niveles, a las casas, las aulas, las reuniones, las redes sociales. La sociedad ecuatoriana ha aprendido a menospreciar. Y en ese aprendizaje está perdida y sin cómo hablar de los temas importantes."[59]

Es verdad, desde hace muchos años ha sido costumbre llamar al contendiente de "pillo", "ladrón", "sin vergüenza", "caretuco" u otros epítetos; pero Correa fue más allá, sábado tras sábado y a veces entre semana colmaba de injurias verbales a quien se le cruzara en el camino, calumniaba a diestro y siniestro y acusaba sin ninguna prueba, apelando siempre a la emotividad de la audiencia.

La violencia verbal se extendió hasta convertirla en "ya es de todos". Así periodistas fueron como Andrea Grijalba del diario *La Hora*, fue abusaba verbalmente cuando cubría un evento judicial sobre el secuestro de Fernando Balda; es una pena que la sociedad en conjunto cayó en el juego virulento y agresivo de quien nos gobernaba. Una sociedad en la que prima el insulto *ad hominen,* la descalificación, en lugar de opinar y argumentar, de dialogar o debatir, con tranquilidad y mesura es una sociedad que ha dejado de ser *civil*. La burla, la humillación, el menosprecio son obstáculos al diálogo, al debate racional, valores indispensables para el buen desempeño de la democracia. Los *trolles* correístas han continuado la práctica durante la presidencia de Lenín Moreno (*Fundamedios*, 2019).

El discurso excluyente de Rafael Correa

Sostiene Franklin Rodríguez (2015): "La conciliación, el diálogo, son palabras desconocidas para el expresidente. Confunde diálogo con sumisión del otro. Así dice estar abierto al diálogo, pero agrega "con los sectores de buena fe". O frases como "que me demuestren con la verdad" y agrega inmediatamente "no lo van a hacer". ¿Qué clase de diálogo es ese, si está condicionado desde el principio? Desde el inicio de su discurso excluye el diálogo cuando reconoce enfáticamente ´No tenemos nada de qué arrepentirnos´. Entonces no hay ya nada de qué hablar".

Para el correísmo no hubo "crítica constructiva" simplemente no se toleraba ninguna disensión. Los asambleístas tenían que acatar lo que decidía el buró político --so pena de ser insultados en una sabatina-- por eso se los calificaba de "borregos".

Una de las costumbres más dañinas de los ecuatorianos es la falta de una disposición al diálogo. El correísmo exacerbó esta falta de disposición al diálogo. El que triunfaba en las urnas "tenía la razón y punto". El eslogan *somos más, muchos más*, era cantado como si fuera un mantra que su reiteración la convertiría en real. Es más, dividió a los grupos sociales contestatarios de su gobierno. Dividió a los maestros, trabajadores, indígenas inclusive a los militares; en su mandato fue implacable en su afán de perpetuarse en el poder por lo cual era indispensable "dividir para y vencer".

Empeoramiento de la cultura de los ecuatorianos

Si bien es cierto que antes del gobierno de Correa la cultura o el capital social o el ethos[60] de los ecuatorianos dejaban mucho que desear, el correato las agravó: desdén y desinterés por el trabajo, paternalismo, cortoplacismo, falta de respeto a los derechos a la propiedad privada, desconfianza, impuntualidad, indisciplina, dejadez, incumplimiento de contratos y de palabra empeñada, irrespeto e inobservancia[61] de la ley, desdeño de la educación, discriminación racial y sexual, proclividad a engañar, dogmatismo religioso. La lista es tan larga como triste. Siglo tras siglo estas costumbres habían sido un lastre para el desarrollo económico, político y social. *Pero*, y muy importante pero, a partir de "medianos del siglo 20 y, de manera visible, al finalizar el milenio", según Osvaldo Hurtado, comenzaron a cambiar. Y no es que esta cultura haya desaparecido o reducido notablemente sino que la *tendencia* era hacia la baja, hasta que llegó Correa y su socialismo del siglo 21.

La evidencia de esta tendencia se encuentra en el libro

de Osvaldo Hurtado: *Ecuador entre dos* siglos, citado anteriormente. Según él, las malas costumbres comenzaron a modificarse en el área de Guayaquil al iniciarse el siglo 20. La creación de riqueza en virtud de las exportaciones de cacao, la apertura del canal de Panamá que abarató el transporte y su condición de puerto, crearon condiciones para que surja una cultura empresarial y comercial. El arribo de emigrantes europeos, árabes y judíos trajeron las costumbres del trabajo, el ahorro y el emprendimiento.

    Un factor notorio ha sido el progreso del indigenado; fue propiciado por el avance de los cultos protestantes que predican la obligación de los cristianos de ser honrados, laboriosos, austeros, puntuales, disciplinados y cumplidores de sus deberes y obligaciones. Desterrándose el alcoholismo que afligía a un buen segmento de los indígenas.

    Es verdad que bajo un despotismo muchos sufren violencia de la policía, son encarcelados, torturados, y asesinados. Pero en, con Correa, las personas ordinarias todo carácter moral parecieron esfumarse y caer en vicios de todo tipo por el sentido que alienta la desesperanza. El pan y el circo, de las sabatinas, subyugaron otros ideales. El correato convirtió a gran parte de la población en mediocre, incapaz de grandeza, justicia o excelencia.

    Los bonos asistenciales promovieron la vagancia, pero lo que es peor, propiciaron la corrupción. Cuando los espacios libres se reducen, los individuos talentosos se ingenian para burlar las leyes y las regulaciones. Se sobornan a los funcionarios públicos, se crean mercados subterráneos o negros, la desconfianza se vence con dinero. Los honestos pasan a ser "pendejos" y los deshonestos "vivos". Los déspotas alientan la avaricia y la codicia privadas porque eso debilita moral y espiritualmente a la población.

    Las personas ordinarias también actúan como actores en un drama, representando las partes que creen que el déspota le gusta para no levantar sospechas. Es difícil ser un pensador independiente frente a la propaganda, medios controlados e ideología generalizada. El despotismo no es sino *la tiranía de una minoría* que busca decirle a la mayoría cómo pensar y actuar.

El resentimiento como subterfugio de campaña electoral

El resentimiento es un estado psicológico que resulta de sentimientos suprimidos de revancha. Gregorio Marañón explica el resentimiento utilizando al emperador romano Tiberio como prototipo del comportamiento de un resentido social. El comportamiento de Tiberio bien se puede aplicar a Rafael Correa. Rafael Correa, como Tiberio, había sufrido mucho en su niñez debido a su carácter irritable, agresivo, desconfiado y prepotente, abandonado por su padre que se suicida [madre en el caso de Tiberio], observa que su familia adinerada va perdiendo su fortuna y llega casi a la pobreza, un padre suicida que fuera condenado en los EE.UU. por tráfico de drogas (explicación a su sentimiento *anti-yanqui*), todo esto confluye en la germinación del rencor en su espíritu, alimentado por un marcado sentimiento de inferioridad. Sobre el desarrollo de la personalidad de Correa es importante el libro de Mónica Almeida y Karina López (2017). En este libro el expresidente aparece ser moderadamente destacado, sin llegar a ser sobresaliente. Sus logros intelectuales son modestos, como se demuestra en su pobre manejo de los idiomas en los que estudió en Bélgica y Estados Unidos.

Son temibles los hombres resentidos cuando el azar les coloca en el Poder, como tantas veces ocurre en las revoluciones. *He aquí también la razón de que acudan a la confusión revolucionaria tantos resentidos y jueguen en su desarrollo importante papel"*. Por eso Rafael Correa se rodea de gente como Gabriela Rivadeneira, quien afirmaba con rebeldía revolucionaria: "Que los pobres coman pan, y los ricos... mierda".

Correa utilizó la desigualdad económica para imprimir en las masas que su condición es producto de *explotación* y no de *méritos o suerte*. Los *pelucones* fueron su blanco preferido.

Del resentimiento son producto los sentimientos anti-yanquis, antieuropeos, antisemitas, anti-inmigrantes, a la vez que se ignoren las políticas domésticas, los errores de los gobiernos, completando así el círculo vicioso del subdesarrollo.

La cleptocracia correísta

La corrupción se hace evidente en las decenas de casos que cada semana revela la Contraloría. La corrupción en el Ecuador hizo metástasis. *Transparencia Internacional* es una organización que año tras año publica un *Índice de Corrupción* basado sobre encuestas con empresarios, analistas de riesgo y ciudadanos de cada país. El diario *La Hora* reproduce el resultado del último informe de Transparencia Internacional[62].

En los últimos 22 años la corrupción se profundizó en Ecuador

Año	Índice
1997	39
1998	77
1999	82
2000	74
2001	79
2002	89
2003	113
2004	112
2005	117
2006	138
2007	150
2008	151
2009	146
2010	127
2011	120
2012	118
2013	102
2014	110
2015	120
2016	117
2017	114

Como se puede observar, la corrupción aumenta entre el 1997 al 2006, pero al iniciarse el gobierno de Correa sube, luego baja y se mantiene prácticamente constante hasta el 2017, hay que anotar en los últimos cinco años el país se ubicó entre los 10 más corruptos de América Latina –apenas arriba de Venezuela y Nicaragua--, y en el puesto 114 entre 183 países. Hay una explicación para la reducción del Índice de Corrupción. A partir del 2008, con la nueva Constitución nacieron instituciones represivas como la SECOM y con los juicios contra *El Universo* y los autores del libro *El gran hermano*, se amordazó a la prensa y en sus interiores surgió la autocensura.

La revista *Plan V*, ha venido recopilando los casos de corrupción durante el gobierno de Correa. Publica *El Museo de la Corrupción (2017)*, "un recuento de los casos emblemáticos de funcionarios e infraestructura envueltos en denuncias de corrupción. Es un trabajo contra el olvido y un aporte a la memoria colectiva".

La corrupción corrosiva

Hay muchas teorías explicativas de la corrupción. Pero la explicación más simple es la más probable. Y esta radica en el *estatismo*. El gobierno administra dineros ajenos, los reparte a través de ministerios y otras entidades con el propósito común de incentivar ciertas actividades socioeconómicas como la pesca, la agricultura, la educación, la salud. Así como la construcción de obras de infraestructura como carreteras, aeropuertos, plantas hidráulicas.

En cada una de estas actividades asoman y existen incentivos para la corrupción, sea en sobreprecios, sea en sobornos o en extorsiones de empresas privadas que ofertan productos o servicios al Estado. El dicho: "El que parte y reparte se queda con la mejor parte" explica claramente la raíz del problema de la corrupción. En la medida que el Estado toma a su haber más actividad más corrupta se vuelve la sociedad.

Esta explicación no basta para muchos. Aducen que la "corrupción radica en ciertas sociedades con determinadas características que tienden a convertir en una práctica aceptada y valorada positivamente". Bien pudiera ser que la explicación tenga algo de razón en ambas explicaciones y que sean más complejas que la mía. Lo que si es cierto es que durante el correato la corrupción empeoró y me atrevo a afirmar que se debió a que el Estado tuvo una mayor intervención en toda la esfera socioeconómica.

La corrupción aumenta con la impunidad, con una administración de la justicia débil, con organizaciones de control cooptados por el gobierno. La separación e independencia de los poderes del Estado son condiciones indispensables para reducir estos incentivos. Y con una prensa libre para investigar y denunciar la corrupción

El gobierno de Correa exacerbó la corrupción, la prensa fue amordazada, Correa "metió la mano en la justicia", Procuraduría, Contraloría, Fiscalía fueron utilizadas para tapar la corrupción. La Asamblea nunca fiscalizó ni investigó la malversación y despilfarro de los recursos públicos. No debería entonces sorprender que se haya calificado a la administración de Correa como la más corrupta de la historia del Ecuador.

En el Apéndice se insertan las decenas de operaciones en la que el Estado despilfarró, farreó, la mayor bonanza petrolera en la historia del país. Con los cambios que realizó en el sistema judicial e gobierno de Correa se creyó que nunca les llegaría la justicia. Los ecuatorianos debemos reconocer como vergonzoso al legado que nos dejaron: la institucionalización y normalización de la corrupción. Ese daño moral a la sociedad es irreparable; tanto que, aunque los condenaran una y mil veces, nunca se alcanzaría a recomponer lo perdido.

Violaciones a los derechos humanos

Las páginas del libro de Lourdes Tibán: *Tatay Correa: Cronología de la persecución y criminalización durante el correísmo. Ecuador 2007-2017*, son testimonio más que abundante de las violaciones a los derechos humanos del correato. "Las leyes fueron manoseadas a conveniencia y a la carta. Los sinsentidos judiciales fueron cosa de todos los días, con fallos propios de la bipolaridad social en la que vivimos, archivando los casos de corrupción y torciendo la verdad y, al mismo tiempo, criminalizando la protesta. Este libro es un resumen de la persecución a periodistas, dirigentes indígenas, dirigentes sociales, universidades e instituciones y un homenaje a quienes no se quedaron callados y por no ceder ante el poder, inclusive fueron detenidos", dice Tibán.

La revista digital *PlanV* y la *ALDHU* en una investigación exclusiva documentan que "5.630 personas fueron víctimas directas de la represión de la fuerza pública: 52 asesinatos sin declarar, 170 casos de torturas crueles inhumanas o degradantes, 8 ataques armados contra pueblos y comunidades indígenas, 7 casos de persecución a abogados, 7 casos de afectación a derechos de grupos y de personas a través de los tribunales de justicia, casos graves donde se incluyen historias de represión masiva. En total la afectación directa es a más de 8.000 personas. Entre estos derechos violentados por el gobierno, a través de la fuerza pública y los operadores de justicia, están algunos de lesa humanidad, como los asesinatos no aclarados, torturas, tratos crueles, inhumanos y degradantes y hasta etnocidio"[63].

CAPÍTULO 5: ¿QUO VADIS ECUADOR?

◆ ◆ ◆

No va a ser fácil dejar atrás la década del saqueo y a lo mejor nunca. Llegaron al Poder cuando el país se estaba "despertando" y dejan un legado de grandes costos sociales. Correa creó un sistema de envilecimiento político pocas veces vistos en la historia ecuatoriana. Un proyecto político que se fue convirtiendo en un proyecto cleptócrata, disfrazado por la grandilocuencia y el carisma de alguien que se decía descendiente de Eloy Alfaro. Se arrimaron a la Revolución Ciudadana muchos que nunca habían tenido una ocupación lucrativa y pasaron a disfrutar de cargos, prebendas, reconocimiento, viajes, ser "nuevos ricos", todo a cambio de un incondicional apoyo a Correa.

El país que nos dejaron

Durante diez años hubo una de-construcción del tejido social y de corrupción rampante. Nos dejaron instituciones que fueron sistemáticamente debilitadas, serviles a intereses poco nobles. Por ejemplo, la Policía, cuya obligación jurídica era la seguridad ciudadana y debió haber sido más bien fortalecida en la lucha contra el crimen, fue señalada y deslegitimada con el burdo montaje del 30–S (Ruth Hidalgo, 2019). Las leyes fueron manoseadas a conveniencia y a la carta, los procesos judiciales estuvieron viciados por sinsentidos, archivando los casos de corrupción mientras se criminalizaba la protesta. Esta falta de justicia propició el tomarse la justicia por la propia mano, que luego terminarían en actos atroces como lo que sucedió en Posorja y en Ibarra.

Si bien nos preguntamos de dónde sacamos los ecuatorianos tanta violencia y tendencia a la persecución, deberíamos cuestionarnos a nosotros mismos: ¿no vivimos diez años en violencia y tolerándola? Pasamos una década recibiendo mensajes directos que validaban la violencia de todo tipo, recibiendo todos los sábados, clases gratuitas de intolerancia, persecución y odio. Las generaciones jóvenes se forjaron con el mensaje equivocado: se les enseñó que las crisis no se afrontan mediante el diálogo sino con la imposición y el uso de la fuerza. Ese mensaje ha ido permeando en la sociedad.

Para parar este país del estado en que nos dejaron, hace falta un proceso de reinstitucionalización sincera que difícilmente puede ser efectiva si tenemos a los mismos en puestos clave, incrustados en la burocracia del Estado. Para recomponer este saqueo moral, el país, necesita recomponer sus instituciones para que, desde esa raíz, brinde a sus ciudadanos seguridad, justicia y paz. Para ello requerimos de muchas cosas: políticas educativas con transversalización de género, fortalecimiento de los organismos encargados de la seguridad ciudadana, lucha efectiva contra la corrupción, contraloría social funcionando, una justicia confiable.... Es decir, un Estado de Derecho y no de impunidad.

Cuando los estados sufren procesos de saqueos morales como el que el Ecuador sufrió, traen secuelas complicadas de superar, que se vuelven casi un síndrome post autoritarismo. El primer síntoma de este fenómeno, es el desinterés de la población respecto de la cosa pública, porque le pierde la fe al sistema democrático y deja de verlo como efectivo. De igual manera, la participación de los ciudadanos en la política empieza a verse peyorativamente, dejando la administración de los asuntos públicos a los gobernantes, los que sean. Lo vivido en los últimos diez años y sus secuelas de corrupción especialmente, nos lleva a que sea muy difícil recomponer la democracia, y en esa línea, el construir confianza de que es posible lograr en algún punto una institucionalidad ética es una tarea que toca hacer.

El ascenso de Rafael Correa, su manipulación de las instituciones que desde el principio fueron notables, la emisión de la Constitución de Montecristi en la cual participaron personas de buena voluntad, el despilfarro y la dilapidación de más de 70 mil millones de dólares Y si a todo esto le sumamos posibles actos criminales como el asesinato del General Gabela, el fallido secuestro de Fernando Balda y el allanamiento al hogar del periodista Fernando Villavicencio, la obesidad del Estado y el endeudamiento sobre el límite legal, no cabe la menor duda que el gobierno de Rafael Correa ha sido el más corrupto y nefasto en la historia del Ecuador.

Si el sistema político, por ejemplo, estaba en un estado agónico ahora se encuentra en coma, esperando reformas que no vienen porque el gobierno de Lenín Moreno es un gobierno débil –aunque hay que reconocer que cambió el rumbo del país--, y en mucho cautivo de su ideología socialista y de los correístas que todavía siguen tanto en la administración pública, como el sistema judicial.

La problemática socioeconómica

En lo económico y social el correato deja un descalabro de enorme magnitud. ¿Quién puede atreverse a reducir el número de ministerios y secretarías de los 30 y más que existen a unos 15? Y no que este último número sea preferible. La literatura económica sugiere que el nivel óptimo del gasto fiscal es alrededor del 14 por ciento y no debe ser mayor al 35 por ciento del PIB[64]. En el Ecuador el gasto fiscal supera el 42 por ciento, por lo que para llegar al óptimo se necesitarán años de alto crecimiento y de superávits fiscales además de un sistema tributario que no sea oneroso para el contribuyente medio. El otro problema económico del país es el excesivo endeudamiento; según la revista *Líderes* (2019) la deuda supera los 50 mil millones de dólares, correspondientes al 45 por ciento del PIB. La octava deuda más alta de los países de la región.

En lo social, la rigidez laboral requiere de una reforma profunda para que pueda hacerse realidad pues no hay mejor política social que la que genera empleos y el 60 por ciento de la población económicamente activa que no tiene un empleo adecuado no puede esperar más. Tanto la reforma tributaria como la laboral son urgentes, pero en el gobierno de Lenín Moreno parece que pesan más las consecuencias políticas que el bienestar de la población. Así afirma José Hidalgo Pallares (2019): "Los mensajes que llegan desde el Gobierno en torno a las reformas laboral y tributaria generan muchas más dudas que certezas. En ese sentido, si no hay una posición definida, lo mejor sería que los voceros oficiales dejen de hacer declaraciones hasta que la definan. Y dadas las grandes expectativas (y la postergación en la toma de decisiones) que los anuncios de reforma tributaria y laboral han generado, esa definición no puede tardar mucho más".

El camino a la democracia liberal

Durante los diez años del correísmo, la calidad de la democracia ecuatoriana sufrió un continuo deterioro. No se puede negar que el andamiaje institucional dejaba mucho que desear antes del correato. No obstante, la democracia liberal que iba surgiendo a partir de la Constitución de 1998 daba lugar a que comenzaran a nacer instituciones independientes, respetables y serias.

Dice un afamado ex canciller del Ecuador: "se inició un período en el que la degradación de los principios legales y de la conciencia ética había crecido imparable. Fue torpemente elaborada una nueva Constitución en la que las dóciles mayorías no pretendieron concretar modernos principios de respeto a los derechos humanos, ni eficaces mecanismos para fortalecer la democracia y las libertades, sino un conjunto de normas adaptables a los requerimientos del poder, a fin de asegurar la instauración y la permanencia de una revolución concebida en el extranjero, por mentes extranjeras"[65].

La sociedad civil: último bastión de la libertad

Alexis de Tocqueville se maravillaba de que en los Estados Unidos del siglo XIX, la sociedad civil era fuerte, los lazos de cooperación eran sólidos y la filantropía generalizada. En el Ecuador la sociedad civil ha sido captada por los movimientos sociales, por el movimiento indígena, por las Organizaciones No-Gubernamentales y por unas cuantas filantrópicas. Lastimosamente, la mayoría de ellas son filocomunistas y socialistas y han utilizado revueltas callejeras, en su momento, violentas para reivindicar sus aspiraciones.

Correa arrasó con las organizaciones de la sociedad civil dejándolas en pedazos. Entre los más destacables estuvo la disolución de la unión de educadores más grande y antigua del país, la UNE. A las organizaciones filantrópicas se les redujo el financiamiento estatal. A la CONAIE se le quitó su centro de operaciones, se suprimieron las ONG, y logró dividirlas lo cual facilitó su ascenso al despotismo. Claro está que los movimientos sociales no pueden ni deben continuar con sus ideas marxistas de los años 50 y 60, necesitan abandonar sus ideologías extremistas y dejar de utilizar la violencia para lograr sus objetivos. La oposición al extractivismo no debe dar cabida a medidas terroristas, debe dar a paso a una oposición legal y popular. Las ONG y las de filantropía, en particular, se las debe estimular utilizando el sistema tributario.

La Justicia no puede esperar

Desde que Correa admitió haber "metido la mano" en la justicia, la defensa y promoción de los derechos humanos fueron seriamente amenazados. Convincentemente, un editorial del diario *La Hora* (2019) dice así:

"Sin que la Función Judicial en su conjunto no cumpla con el papel que le corresponde, nuestra democracia seguirá en el abismo en el que está. En lugar de salir se hunde cada vez más. Salir de ese abismo es el mayor reto que hoy enfrenta Ecuador. Los informes de la Contraloría la desbordan, y pareciera que los grandes implicados y señalados en ellos nunca irán a la cárcel y el dinero robado jamás se recuperará.

Mucho escándalo mediático y poco, demorado o torpe accionar de la justicia. ¿Cómo creerle a alguien aquello de que trabajará contra la corrupción? Esta percepción es en nuestra vida social una devastadora vergüenza, un sentimiento nefasto. Es algo muy relacionado con nuestra inseguridad y baja autoestima. Algo intolerable se mire por donde se mire.

Vamos contra la historia o al margen de ella, y nos sumimos en un caos involucionista. Nuevo fiscal, nuevos jueces, un nuevo Tribunal Constitucional, un nuevo Consejo de la Judicatura, nuevo Defensor del Pueblo y pronto también autoridades seccionales a todos los niveles y quizás hasta un Consejo de Participación Ciudadana. ¿Habrá cambios reales? ¿Seguirá agonizando nuestro sistema democrático?

Hay dolor y vergüenza entre los hombres y mujeres honrados, porque del mismo seno de nuestras comunidades, una tras otra generación, surgen los actores que operan en esta tragicomedia. Se sentencia, a veces con sospechosa misericordia, a los acusados de menor rango, mientras los grandes culpables están fuera del país o han construido a su alrededor una muralla de influencias que los hace intocables"

El Ecuador no tendrá futuro si el sistema de justicia no es confiable e independiente[66] porque sí no crecen las dudas de que los funcionarios públicos --culpables de los atracos-- solo recibirán sentencias por los columnistas de prensa o en los medios sociales mas no en las cortes, como debería ser. Y en el peor de los casos, que en la lucha contra la corrupción aparezcan los que la utilicen como plataforma electoral. Es cuando las denuncias, los expedientes, la recolección de firmas, informes no pueden ser verificados y quedan flotando en el lodazal político.

La corrupción solo podrá ser reducida cuando la Función Judicial cumpla con la obligación que le corresponde. A los informes de Contraloría deben seguir las obligaciones de la Fiscalía. Si no hay seguimiento, los escándalos pasarán a los sueños de los justos, mucho ruido y pocas nueces es el mejor caldo de cultivo para la corrupción.

La difícil lucha contra la corrupción

La corrupción es el cáncer más letal de una democracia. En el Ecuador parece que hizo metástasis; alguien decía que si todos los corruptos fueran a la cárcel no habría suficientes celdas para contenerlos. El diario *El Comercio* (2019) comenta la exorbitada cantidad de casos en los tribunales de justicia:

> *Unos expedientes están apilados sobre los escritorios. Otros están guardados en cajas y anaqueles y sobre sillas. Así lucen las oficinas fiscales en donde se indagan casos de corrupción relacionados con lado, cohecho, enriquecimiento ilícito y concusión.*
>
> *La Fiscalía apenas tiene 11 fiscales que rastrean estos hechos. Seis tienen a su cargo expedientes en los que están involucrados funcionarios con fuero de Corte, como exministros o exasambleístas. Otros cinco rastrean a funcionarios de menor nivel que trabajan en entidades estatales del país.*

Hay más de mil casos pendientes, las indagaciones previas se demoran años, las denuncias por corrupción no han pasado de la fase inicial, pululan las quejas por estar "estancadas". Hay sospechas de figuras públicas del correato tienen nexos con el tráfico de influencias, lavado de activos, delincuencia organizada y cohecho que todavía están por indagar.

Continúa *El Comercio:* Una de las razones para el estancamiento es la falta de recursos financieros. "Los ingresos anuales han bajado desde el 2014, cuando se entregaron USD 153 millones. La reducción se produce aunque cada año se reportan más delitos en el país. Del presupuesto de este año, el 92 por ciento está dirigido a gasto en personal y el 8 por ciento para bienes, servicios e inversión...La fiscal General del Estado, Diana Salazar, a nivel general, calcula que en el país hacen falta más de 800 fiscales, para poder evacuar todos los procesos que ahora están acumulados. Actualmente, a escala nacional operan 840 agentes investigadores".

Para muchos el avance es demasiado lento y que no hay que olvidar que justicia que tarda no es justicia. Concluye el diario: "El gran reto es administrar justicia con equilibrio, sin venganza pero evitando que una de las etapas de la historia nacional más nefastas que se hayan escrito quede como un baldón donde impere la impunidad".

El caso Sobornos 2012-2016 y la esperanza de un nuevo amanecer

Este caso es quizás el más emblemático de cómo el gobierno de Correa utilizó el Poder para movilizar recursos a su favor. Una investigación periodística de Fernando Villavicencio y Christian Zurita descubrió una serie de sobornos y extorsiones que se realizaban para financiar Alianza País (AP) durante las elecciones del binomio Correa-Jorge Glas.

Utilizando doble facturación, personeros de AP lograron alrededor de 14 millones de dólares de aportes de empresas nacionales y multinacionales como Odebrecht, SK Engineering & Construction, Sinohydro Corporation, Grupo Azul, Telconet, China International Water & Electric Corp-CWE. La investigación reveló la existencia de una estructura para conseguir fondos si estas empresas querían lograr contratos con el Estado.

La Fiscalía demostró que altos funcionarios de Correa,

entre ellos el exvicepresidente Jorge Glas, habían cometido los delitos de: *cohecho, tráfico de influencias, delincuencia organizada y lavado de activos.* Y que el Presidente era *autor mediático,* es decir, la cabeza de la estructura delictiva. Fueron condenados Rafael Correa, Jorge Glas, Alexis Mera, Vinicio Alvarado, Walter Solís, María de los Ángeles Duarte, Viviana Bonilla y 10 empresarios. La sentencia fue ratificada en segunda instancia y en la instancia de casación. Hoy 18 personas están con orden de prisión, incluyendo el expresidente Rafael Correa.

.El caso Sobornos demuestra la poca calidad moral de Correa y de su entorno. Prácticamente, el expresidente fue la cabeza de una mafia enquistada en el Poder. Afortunadamente, la Fiscal General, Diana Salazar con decisión, sin temor ni negligencia, ha cumplido su deber y ha logrado aplicar el peso de la justicia en una sentencia histórica. Así resume Hernán Pérez Loose (2020), la transcendencia del caso Sobornos:

> *La tesis de que para condenar a alguien por cohecho se necesitaba prácticamente la confesión de los acusados o una foto suya delante de un notario en la que aparezcan recibiendo la coima, fue finalmente abandonada. Gracias a semejante absurdo jurídico –impensable en otras naciones–, las arcas fiscales del Ecuador fueron asaltadas una y otra vez a lo largo de su historia. No es una coincidencia que la gran defensa de esta mafia sea decir que 'yo no firmé los contratos', 'yo no recibí el dinero' y cosas por el estilo. Y lo único que ha hecho la Dra. Salazar es cumplir con la ley y con el cargo para el que fue designada, sin alardes o arrogancias.*
>
> *Lo que los tres jueces de la Corte Nacional van a juzgar no es entonces un caso penal simplemente, sino algo más; algo que trascenderá las paredes del salón donde dictarán su veredicto. Lo que se va a juzgar en realidad es a la sociedad ecuatoriana, que ha tolerado por décadas que la política se convierta en un lodazal, condenándose ella misma de esta forma a un estancamiento económico y social impresion-*

*ante. Una sociedad donde pocos políticos y empresarios pueden explicar el origen de sus pertenencias, mansiones y tren de vida. **Ya era hora de que esto cambie*** (énfasis mío).

Desafíos y obstáculos en el camino a la república

Para beneficio del país, Lenín Moreno cambió drásticamente el rumbo en el ámbito de la política. Cuando se temía que Moreno no fuera más que un títere de Correa, no sucedió así. Moreno escogió un camino difícil cuando decidió desenmascarar y desmantelar el legado de Correa. Para comenzar dejó de amedrentar a la prensa y tratar de reunificar el país. El precio que paga Moreno por tomar este rumbo es una brutal campaña de desprestigio por parte de los afectados, Correa y sus cómplices.

El desafío de Moreno era decidirse a ser un gobierno de *transición* o ser un gobierno de pacificación sin pretensiones de prolongación histórica. Moreno escogió lo primero. Aunque la ruta no sea muy clara ni el gobierno tenga entereza, hay buenas señales de que el sendero es hacia una república, es decir, hacia un Estado de Derecho (no de un simplón *Estado de derechos*) en lo político.

Tiene serios problemas en enrumbar al país hacia un sistema socioeconómico en donde los actores privados (el mercado) sean el motor de la economía y se busque un armazón institucional que sustituya al desmantelamiento de la Revolución Ciudadana.

Moreno, para comenzar cambió el patrón de relaciones internacionales. Abandonó el UNASUR, el ALBA, se alejó del castro-chavismo de Venezuela y busca ser miembro de la Alianza del Pacífico. La expulsión de Julian Assange de la embajada en Londres dejó de ser una espina entre el Ecuador y los Estados Unidos, su principal socio comercial.

Aunque cometió un error en la consulta popular para

cambiar el CPCCS, hoy pocos o nadie cuestionan que ese engendro correísta debe ser eliminado. En la Asamblea se discute retirarle la atribución de nombrar a los funcionarios encargados de la supervisión y control de la Fiscalía y Contraloría, entre otros. El CPCCS transitorio, dirigido por Julio César Trujillo se esmeró en el nombramiento de jueces de la Corte Constitucional, alguien dijo que era "Corte de lujo". Igual acierto tuvo al nombrar Fiscal General y Controlador Fiscal de la nación, aunque hay dudas sobres los miembros del Consejo de la Judicatura.

Las transformaciones deben venir "desde abajo"

El oportunismo, aquello de "esperar el turno" no ha cambiado y va a cambiar de una manera lenta, porque la cultura no puede deshacerse en un año o dos. Y este es el peligro que corre el país. Una caída estrepitosa del precio del petróleo, por ejemplo, bien puede ahondar la crisis y que de ella se aproveche otro "outsider", otro embaucador mesiánico que nos "salve" de las garras de "la restauración conservadora", o lo que sería peor, el mismo de antes, a cuenta que durante "el correato nos iba mejor". Al momento de escribir estas líneas ha surgido un "cisne negro", un evento tan inesperado como estrepitoso: la pandemia COVID-19. La aparición de este flagelo es enorme, sus consecuencias económicas y sociales son de tal magnitud que todo superlativo se queda corto. No obstante, las conclusiones sobre las transformaciones que se necesitan para retomar el camino del progreso siguen siendo las mismas.

En estas transformaciones deben tomar parte, ya dijimos, las instituciones de una renovada sociedad civil. Los empresarios y emprendedores no se puede quedar atrás. El rentismo, ese afán de agentes privados, de medrar del gobierno, de mantener oligopolios (como la banca) o monopolios (como los sindicatos de choferes y taxistas), o el proteccionismo arancelario, es un caldo de cultivo donde se cocina la corrupción y las desigualdades socioeconómicas. La respuesta del empresariado debería ser exigir cuentas claras, leyes y reglamentos que no asfixien la iniciativa individual y un sistema tributario simple y equitativo. Que las privatizaciones sean transparentes, sin que ocurra en el Ecuador lo que ocurrió en otros países, que no sea el cambio del monopolio del Estado por monopolios privados.

Finalmente, no se debe descartar a los forjadores de las imágenes de comportamiento. La ineficacia de imágenes de comportamiento lo suficientemente precisas o exigentes que observamos en el banquero, el industrial, el periodista, el agente de publicidad, aun en el caso de que estas personas fueran honradas, se explica, sobre todo, por una doble carencia de autoridades sociales y espirituales.

Las autoridades morales –como los columnistas de la prensa-- tienen la obligación de formular las obligaciones especiales que se derivan, en cada situación, de las verdades morales universales como son los derechos del individuo: vida, libertad y búsqueda de la propia felicidad. El cuidado de saber adónde vamos y adónde llevamos también pertenece a los que realidad son jefes, directores, patronos, señores, guías, pero ellos no son considerados como jefes ni como directores si se les niega esta calidad y este título. El falso dogma de la *igualdad*, que halaga a los débiles, va a parar, en realidad, a la licencia infinita de los poderosos.

En toda sociedad han existido y existirán jefes de grupos humanos, como lo fue un señor feudal, o como lo es un director de empresa. Cada uno de ellos tiene una doble responsabilidad: en cuanto a la inserción armoniosa del grupo en la colectividad, y en cuanto al bienestar del grupo. Esas responsabilidades son naturales. Del mismo modo existen en cada función social, unas *élites* que tienen una responsabilidad ejemplar, que también es natural.

Por cada clase de *poderosos* y para cada uno de los múltiples papeles que comporta el drama social hay unas *élites*. Ningún orden social podría mantenerse o restablecerse si los dirigentes de la sociedad civil no desempeñasen su misión esencial, misión que la autoridad espiritual debe recordarles incesantemente. Cuando estas élites fallan en su función se propaga un desorden por la confusión de las imágenes de comportamiento que ellos mismos debían seguir. La confusión se extiende de arriba hacia abajo, y los individuos pierden su sentido de deber, que es lo que hace de ellos personas "sociales".

El Poder tiende a crecer indefinidamente por lo cual es preciso limitarlo. Mientras más limitado el Poder más libre es la ciudadanía. El espíritu humano no se doblega mucho tiempo al despotismo. El correato duró diez años y quizás nunca más vuelva a repetirse. Pero la tranquilidad política ni un leve resurgimiento económico no debe llevar a la complacencia, porque la libertad, la democracia liberal, la **república**, hay que ganarla, hay que merecerla, hay que vigilarla. Es cierto que ser libres no es fácil, conlleva riesgos, incertidumbres económicas, fluctuaciones insospechadas, destrucción creativa, pero vale la pena serlo porque como decía Cervantes en boca del Quijote: *"La libertad, Sancho, es uno de los más preciosos dones que a los hombres dieron los cielos; con ella no pueden igualarse los tesoros que encierra la tierra ni el mar encubre; por la libertad así como por la honra se puede y debe aventurar la vida."* **La amenaza más fuerte a la libertad fue el gobierno de Rafael Correa. El objetivo de este libro es crear conciencia de que esto no vuelva a suceder.**

Referencias bibliográficas

Acemoglu, Daron y James A. Robinson. 2012. *Why Nations Fail: The Origins of Power, Prosperity, and Poverty.* New York: Random House.

Acosta, Alberto y Jürgen Schuldt. 1999. *La hora de la reactivación: El mito de la falta de alternativas.* Quito, Ecuador: ILDIS-Libresa.

Acosta, Alberto. 2009. *La maldición de la abundancia.* Quito, Ecuador: Ediciones Abya-Yala.

Almeida, Mónica y Karina López. 2017. *El séptimo Rafael: Biografía no autorizada de Rafael Correa Delgado, expresidente del Ecuador,* Quito, Ecuador: Editorial APERIMUS.

Ayala Lasso, José. 2017. "*Degradación ética y legal*", Quito, Ecuador: diario *El Comercio,* febrero 11.

Ayala Mora, Enrique. 2018. *Resumen de Historia del Ecuador,* Quito: Corporación Editora Nacional.

Bailey, F.G. 1988. *Humbuggery and Manipulation: The Art of Leadership.* Ithaca and London: Cornell University Press.

Barrera Rivera, Dan Abner. 2019. "Derechos humanos, democracia y bloqueo: la visión de Rafael Correa acerca de las relaciones políticas entre los Estados Unidos y Cuba", *Revista Latinoamericana de Derechos Humanos* Volumen 30 (2), II Semestre.

Bayas, Cristina. 2016. "*La tiranía ya es de todos*", Ecuador: revista digital *4pelagatos,* marzo 12.

Benjamin, Kathy. 2017. "5 Scientific Reasons Powerful People Will Always Suck", October. *5 Scientific Reasons Powerful People Will Always Suck | Cracked.com* http://www.cracked.com/article_18777_5-scientific-reasons-powerful-people-will-always-suck_p2.html#ixzz1TKPat2Nb.

Bueno de Mesquita y Alastair Smith. 2011. *The Dictators Handbook,* New York: Public Affairs.

Burbano de Lara, Felipe. 2014. "Indiferentes, dominados y militantes", Quito, Ecuador: diario *HOY*, julio 15.

Burbano de Lara, Felipe. 2019. "La modernización estúpida", Guayaquil, Ecuador: diario *El Universo*, febrero 5.

Calderón de Burgos, Gabriela. 2020. "Corrupción y despilfarro en el IESS", Guayaquil, Ecuador: diario *El Universo*, junio 19.

Carney, Dana. 2009. "People with Power are Better Liars", Working Paper, *Columbia School of Business*.

Chomsky, Noam. https://noam-chomsky.tumblr.com/post/13867896307/noam-chomsky-10-strategies-of-manipulation-by

Correa, Rafael. 2004. "Dolarización y desdolarización: más elementos para el debate. Comentarios al dossier de Íconos 19", *Íconos*, FLACSO, No. 20.

Dahl, Robert. 1957. "The Concept of Power", *Behavioral Science*, Vol. II.

Ekinci, Aykut. 2011. What is the Optimum Size of Government: a Suggestion. *International Journal of Economics and Finance Studies*. 3.

Fernández de Genna, Lucía. 2020. "Se robaron el 90% de la plata del terremoto", en Marlon Puertas, *Periodismo de investigación*.

Freidenberg, Flavia y Simón Pachano. 2017. *El sistema político ecuatoriano*. 2da. edición, Quito-Ecuador: Editorial de FLACSO.

Harrison, Lawrence y Samuel P. Huntington. 2001. *La cultura es lo que importa*, Madrid, España; Editorial Planeta.

Heillbronner, Robert. 1978. "What is Socialism", Revista *Dissent*, verano.

Hernández, José. 2018. https://4pelagatos.com/2018/04/03/ramirez-se-dio-empleo-con-plata-publica-antes-de-irse/

Hidalgo Andrade, Gabriel. 2018. "Trayectoria del voto populista", revista digital *Plan V*, febrero 8.

Hidalgo Pallares, José. 2019."La urgencia por definiciones oficiales", revista digital *4pelagatos*, julio 24.

Hidalgo, Ruth. 2019. "El país que nos dejaron", revista digital *4pelagatos*. Enero 25.
https://periodismodeinvestigacion.com/2020/04/10/se-robaron-el-90-de-la-plata-del-terremoto/
https://www.lahora.com.ec/noticia/1102230001/caminar-al-margen-de-la-historia
https://www.revistas.una.ac.cr/index.php/derechoshumanos/article/view/13444/18870
Hurtado, Osvaldo. 2012. *Dictaduras del Siglo XXI: El caso ecuatoriano*. Bogotá, Colombia: Paradiso Editores.
Hurtado, Osvaldo. 2017. *Ecuador entre dos siglos*, Penguin Random House, Grupo Editorial Colombia: Kindle Edition.
Laso Ortiz, Esteban. 2011. "La confianza como encrucijada: cultura, desarrollo y corrupción", *Athenea Digital*, marzo.
Levitsky, Steven y Daniel Ziblatt. 2018. *Cómo mueren las democracias*. Editorial Ariel.
López Buenaño, Franklin. 2019. "¿Es compatible el socialismo con los derechos civiles?", *El Instituto Cato*, mayo 14.
López Buenaño, Franklin. 2011. *Desahucio de un proyecto político: El porqué del fracaso del socialismo siglo XXI*. Quito, Ecuador: Editorial Temístocles Hernández.
López Buenaño, Franklin. 2017. *Encumbramiento del despotismo*. Quito, Ecuador: Universidad San Francisco de Quito.
Lucio Paredes, Pablo. 2014. "De la (des)confianza", Guayaquil, Ecuador: diario *El Universo*, octubre 26.
Márquez, Nicolás. 2013. *El cuentero de Carondelet: Rafael Correa*, Buenos Aires, Argentina: Editorial Contra Cultura.
Meléndez, Carlos y Paolo Moncagatta. 2017. "Ecuador: una década de correísmo", *Revista de Ciencia Política*, Vol.36 No 2, Santiago de Chile.
Moncagatta, Paolo. 2015. "*¿Cómo ha cambiado el apoyo a Rafael Correa?*" GK, *abril 27*.
Montenegro, Javier. 2019. "*La estatal CNT hacinó teléfonos obsoletos*", Guayaquil, Ecuador: diario *Expreso,* julio 13.
Morong Reyes, Germán y Victor Brangier Penailillo. 2019. "The Incas as model of subjection. *Gobierno del Perú* and the eth-

nographic writing of the colonial judge of Charcas, Juan de Matienzo (1567)". *Estudios atacameños.* n.61, pp.5-26. http://dx.doi.org/10.4067/S0718-10432019005000102.

Nieto Martínez, Carla. 2009. *Los grandes dictadores: vida y hechos de los dirigentes más temidos.* Madrid: Editorial LIBSA.

Oquendo, Diego. 2009. "Fregando la pita", Quito: diario *HOY,* agosto.

Ordóñez, Diego. 2019. *"Es urgente tener buenos y honrados jueces",* revista digital *4pelagatos,* julio 28.

Pérez Loose, Hernán. 2020. "El caso Sobornos", Guayaquil: diario *El Universo,* agosto 4.

Pukes Steven, 2011. "La visión tridimensional del poder", *Buenas Tareas,* octubre 23.

Ramos, Hernán. 2010. *"Medios públicos y poder político en la era de Rafael Correa".* En: Ricaurte, César; Mena, Paúl. *La palabra rota: seis investigaciones sobre el periodismo ecuatoriano.* Quito, Ecuador: Fundamedios.

Redacción, 2019. "La deuda pública del Ecuador es la octava más alta de la región", revista *Líderes,* mayo 20. https://www.revistalideres.ec/lideres/deuda-publica-ecuador-region-cepal.html

Redacción. 2019. *"11 fiscales saturados con cientos de casos de corrupción",* Quito: diario *El Comercio,* julio 28. https://www.elcomercio.com/actualidad/sobornos-fiscales-saturados-justicia-corrupcion.html

Redacción. 2019. "La Fiscalía, abarrotada por casos de corrupción", Quito: diario *El Comercio,* julio 29. https://www.elcomercio.com/opinion/editorial/fiscalia-atiborrada-casos-corrupcion-editorial.html

Redacción. 2019b. *"Caminar al margen de la historia",* Quito: diario *La Hora,* marzo 19.

Reece, Alfonso. 2011."*Limitless",* Guayaquil: diario *El Universo,* septiembre 26.

Rodríguez León, Tomás. 2017. "Salud pública, herencia y deudas de la década ganada", *Línea de fuego,* agosto 9.

Rodríguez, Franklin. 2015. *"El discurso excluyente de Rafael Cor-*

rea", revista digital PlanV, junio 15.

Salazar, Daniela. 2015. "´Mi Poder en la Constitución´: La Perversión del Estado de Derecho en Ecuador", Desigualdad, SELA.

Spurrier, Walter. 2019. "Ambiciosa meta fiscal", Guayaquil, diario El Universo, julio 21.

Stephenson, Jane. 2011. *Tyrants in Our Times: Lives of Fourteen Dictators*. Incline Village, Nevada: Diemer Smith Publishing Company, Inc

Stiglitz, Josepth. 2019. "¿Estamos acercándonos al fin del neoliberalismo?", Lima, Peru: diario digital *La República*, noviembre 17. https://larepublica.pe/economia/2019/11/17/neoliberalismo-joseph-stiglitz-estamos-acercandonos-al-fin-del-neoliberalismo/

Tibán, Lourdes. 2018. *Tatay Correa: Cronología de la persecución y criminalización durante el correísmo*. Ecuador 2007-2017.

Torres, Luis Fernando. 2009. *Presidencialismo Constituyente. La ruta del autoritarismo en el Ecuador (Semblanza de la Constitución de Montecristi)*. Quito: Editora Jurídica Cevallos.

Valdivieso, Alfredo. 2010. *De tumbo en tumbo: La economía nacional de 2979 a 2008/9*. Quito: Editorial TH.

Vargas, Alison. 2019. "Noam Chomsky sobre la crisis del neoliberalismo en el Ecuador", *Revolución.net*, Octubre 13. https://redvolucion.net/2019/10/13/noam-chomsky-sobre-crisis-neoliberalismo-ecuador/

Vázquez, Ian. 2020. "El exitoso Consenso de Washington", Lima, Perú: diario *El comercio*, septiembre 22.

Verdesoto, Luis. 2018. *Los actores y la producción de la democracia y la política en Ecuador 1979-2011*, Editorial Abya-Yala. Kindle Edition.

ANEXO: LOS CRÍMENES DE LESA HUMANIDAD NO PRESCRIBEN

◆ ◆ ◆

Emilio Palacio: A diez años del 30 de septiembre del 2010

Semanas atrás la fiscal Claudia Romero presentó cargos contra cinco oficiales de las fuerzas armadas por los asesinatos del policía Froilán Jiménez y otros uniformados cometidos el 30 de septiembre del 2010.

La Fiscalía ha demorado diez años para dar este primer paso, muy tímido todavía, pero aun así de gran valor.

Digo que es un paso muy tímido porque, según la prensa, en la acusación no se incluyó el nombre de Rafael Correa Delgado, prófugo de la Justicia, condenado a 8 años de cárcel por otros delitos.

Para establecer la vinculación de Correa con estas muertes, habrá que tomar en cuenta estos hechos:

Primero: Los jefes militares no actuaron por iniciativa propia sino cumpliendo una orden directa de Correa

Así consta en el informe del Comando Conjunto de las Fuerzas Armadas sobre el 30 S donde se dice: "El Sr. Presidente, en base a contacto telefónico, dispone al Sr. Ministro de Defensa Nacional y al Sr. Jefe del Comando Conjunto, que se proceda a rescatarlo. Para el efecto, se coordina en forma personal como vía telefónica con elementos de la seguridad personal del Sr. Presidente".

Según el diccionario de la Real Academia, "Rescatar" significa principalmente "Recobrar por la fuerza lo que el enemigo ha cogido".

Así que los jefes militares cumplieron una orden directa cuando ordenaron movilizar una fuerza de 18 carros blindados, 20 vehículos mecanizados, 6 camiones, 9 jeeps y 900 soldados "con armas letales y no letales", según el informe militar.

Segundo: La orden de Correa era innecesaria

Horas antes de la masacre, el general Freddy Martínez Pico y otros integrantes de la Comandancia General de Policía ingresaron al Hospital de la Policía. No encontraron ninguna resistencia y más bien constataron que las fuerzas del GOE (Grupo de Operaciones Especiales), leales a Correa, controlaban el interior del edificio, y que hombres del GIR (Grupo de Intervención y Rescate), también leales al presidente, controlaban la entrada de Emergencia del Hospital, por donde luego saldría el primer mandatario.

Martínez puso al tanto a Correa de estos detalles y le pidió que lo acompañe, la Policía garantizaba su seguridad. Correa se negó. Dijo que no saldría hasta que llegue el ejército.

Tercero: Correa supo con anticipación que su orden provocaría una masacre

Se lo advirtió el general Martínez Pico, cuando le suplicó que no cometa el error de convocar a los militares porque las antiguas rivalidades entre policías y soldados ocasionarían un baño de sangre. Uno de los presentes describió así la escena (narrada en el diario gobiernista El Telégrafo): "Se arrodilló [Martínez] y no controló las lágrimas. Estaba preocupado por su gente [es decir, por los policías Froilán Jiménez y Jacinto Calderón entre otros], pero ya era tarde".

Cuarto: La orden de atacar a un Hospital con armas letales obliga a que se inicie un proceso penal

Los convenios de Ginebra mandan: "En ninguna

circunstancia, podrán ser objeto de ataques los hospitales civiles organizados para prestar asistencia a los heridos, a los enfermos, a los inválidos y a las parturientas; deberán ser siempre respetados y protegidos por las partes en conflicto". Los convenios agregan que los que violen estas disposiciones serán sometidos a procesos penales.

Varios convenios internacionales sobre derechos humanos refrendados por el Ecuador establecen que una orden superior no justifica violaciones al derecho a la vida o a la libertad, de tal modo que si la Fiscalía incluye autoridades civiles en su acusación no estará justificando la actuación de nadie, pero sí establecerá la correcta jerarquía de responsabilidades en los crímenes del 30 S.

Hace diez años le advertí a Correa que en el futuro podrían llevarlo ante una corte penal por haber ordenado fuego a discreción y sin previo aviso contra un hospital lleno de civiles y gente inocente.

Concluí diciendo: *"Los crímenes de lesa humanidad, que no lo olvide, no prescriben".*

29 de septiembre del 2020.

El periodista Emilio Palacio vive desde hace casi diez años en Estados unidos, donde debió asilarse luego de que lo condenaron, junto a los directivos del diario donde colaboraba, a tres años de cárcel y a pagar 40 millones de dólares al entonces presidente del Ecuador Rafael Correa por denunciar los crímenes del 30 de septiembre del 2010. La

Comisión Interamericana de Derechos Humanos concluyó que el juicio fue una persecución política y le pidió al estado ecuatoriano que repare a las víctimas y les ofrezca disculpas

.

APÉNDICE: EL GRAN SAQUEO

◆ ◆ ◆

No solo nos robaron el amanecer económico, social y político, nos robaron *hasta nuestro* dinero, porque ningún gobierno produce nada sino que reparte los recursos de los ciudadanos en obra pública, seguridad, educación, salud, etc. Los recursos que adquiere el gobierno del Ecuador provienen de los impuestos y de la extracción de recursos naturales –que son del Estado-- y por consiguiente de los ecuatorianos. Pero no solo hubo un saqueo de recursos sino también erosionaron los valores morales, debilitaron el *ethos* de la población que son los pilares sobre los que gravitan la libertad y el progreso.

El saqueo material

Los actos funestos del correato son conocidos por todos los ecuatorianos, no creo que haya uno solo que no se haya enterado de ellos; sin embargo, vale la pena hacer una recapitulación en breve. Son los más costosos y relevantes, quedan muchos, pero muchos más.

- **Sobreprecios y reparaciones**
  - *Sector petrolero*: El gobierno de Lenín Moreno contrató empresas privadas para investigar cinco proyectos emblemáticos petroleros de la época de Rafael Correa. Estos proyectos sumaban USD

4.900 millones y los resultados —que eran "vergonzosos", dijo Moreno— demostraron que había sobre costos de USD 2.500 millones, y, sobre todo, las obras estaban mal hechas. Es la más grande estafa al dinero de los ecuatorianos.
- *Carreteras*: Además de demoras hubo sobreprecios. En una investigación de Plan V y Mil Hojas a 46 carreteras se constató que el 93% ha tenido incrementos en sus valores originales que van del 6% al 270%. La carretera Collas costó $16,5 millones por kilómetro, cuando una carretera en condiciones similares de construcción en México costó
- *Hidroeléctrica Coca Codo Sinclair:* Fallas en la construcción de Coca-Codo Sinclair, y el costo final más del doble sobre el estimado inicial. De acuerdo con la información oficial, el proyecto energético costó US$2.245 millones y la mayor parte del financiamiento se obtuvo a través de un crédito concedido por China. En su informe, la Contraloría señala que la presencia de fisuras en los distribuidores de la central hidroeléctrica "ocasionó un perjuicio de US$10.088.551, por las ocho unidades y US$83.789.614 por su instalación", si se consideran los costos de la construcción. Un eventual colapso de la sala de máquinas podría significar pérdidas que pueden superar los US$1.000 millones, según el documento.
- *Hidroeléctrica San Francisco*: En el 2007, Odebrecht terminó la construcción de la Central Hidroeléctrica San Francisco, en Tungurahua. Un examen hecho por la Contraloría estableció fallas provocadas en el sistema de enfriamiento y en los filtros de agua, así como daños por la paralización de las obras en la Central durante 131 días. Por estas irregularidades, los auditores expidieron

nueve glosas por USD 103 millones, que debían ser cubiertas por la constructora Odebrecht.

- **Desfalco, peculado y concusión**
  - *Jorge Glas:* El exvicepresidente fue juzgado por asociación ilícita pero puede ser llamado a juicio por peculado y concusión y otros delitos según una disposición del tribunal que lo juzgó.
  - *Acería en Milagro:* El 27 de diciembre la Fiscalía allanó una descomunal acería china cerca de Milagro, en la provincia del Guayas. En el Gobierno existe la sospecha de que tras de esa acería estarían el exvicepresidente Jorge Glas, su tío Ricardo Rivera y el empresario Tomislav Topic, zar del internet por cable.
  - *Empresas chinas:* Los contratos de financiamiento de China no han sido revelados.
  - *Comercialización de hidrocarburos:* Hay denuncias documentadas de concusión y corrupción en la comercialización del petróleo con compañías chinas y tailandesas.
  - *Viajes fantasmas:* Uno de los aviones de la Presidencia viajó a paraísos fiscales sin pasajeros.
  - *Ejemplo de despilfarro:* El Gobierno central cuenta con 15.310 vehículos para el uso de sus funcionarios. De ese total, que no fue fácil de obtener por el desorden burocrático, cerca del 14,63 % está en mal estado. En números, según el reporte oficial del Servicio de Gestión Inmobiliaria del Sector Público (Inmobiliar), las unidades con fallas considerables alcanzan las 2.240.

- **Elefantes blancos**
  - *Aeropuertos:* Los aeropuertos de Santa Rosa y de Tena en donde los aviones vuelan casi sin pasa-

jeros. El de Santa Rosa costó 47 millones de dólares. Había estacionamiento para 140 vehículos y 32 camiones, una pista de aterrizaje de 150 metros, 9 counters para las aerolíneas, dos salas de pre embargo y dos para vuelos internacionales. A Santa Rosa llegan tres vuelos diarios, los vuelos internacionales nunca se materializaron. Según el diario *El Universo* salen vuelos con un promedio de 5 pasajeros. En el de Tena, que costó 46 millones de dólares, TAME dejó de operar en enero del 2016 por las pérdidas que causaban esos vuelos. Ahora solo vuelan avionetas y escuelas de aviación.

- *Yachay*: Un informe de Contraloría de más 100 páginas en donde se revelan los enormes recursos utilizados en su construcción y operación lleva a concluir fácilmente que "en general, las observaciones apuntan a un desenfrenado e inútil gasto que terminó en una obra que, como se ha visto, no sirve prácticamente para nada y que no justifica en absoluto la multimillonaria inversión de 430 millones de dólares hecha por el gobierno de Correa". El engaño de Yachay EP suma más mentiras.
- *Ikiam:* En este centro de estudios se invirtieron $ 7 millones. Equipos adquiridos se encuentran embodegados, emigración de docentes. Tres de los cinco miembros residen en el exterior y sus sueldos son de $ 5.566 a $ 6.122 al mes, pero solo se reúnen una vez al mes.
- *Las escuelas del milenio*: La pedagoga Rosa María Torres del Castillo confirma que las escuelas del milenio son en efecto elefantes blancos y mamotretos. "Más de 116 millones de dólares se pagaron en contratos complementarios en las escuelas del Milenio y otros cinco millones están en litigio por adjudicaciones irregulares. Lo

que ahora podría llamarse sobreprecios estaba cubierto por un manto de legalidad, diseñado a la medida para incrementar el precio de los contratos. Vistazo muestra el verdadero costo del emblemático proyecto educativo de la Revolución Ciudadana: de 127 obras educativas, 79 por ciento costó más de lo inicialmente se había presupuestado ($412 millones), las empresas contratistas facturaron 528 millones, es decir 116 millones adicionales. Una permisiva ley y mala planificación dejan una estela de duda en la contratación pública. La ley permitía un 70 por ciento en contratos complementarios."

- *Movilidad humana:* En Azogues se construyó un edificio para "atender a los migrantes" uno de los más grandes de esa ciudad. Tiene 9.100 metros cuadrados de construcción, 4 pisos sobre el nivel del suelo y 3 subterráneos, un auditorio para 150 personas. Tuvo un presupuesto de 2,9 millones pero terminó costando 5,5 millones de dólares. A pesar de que dependencias públicas que se han mudado ahí, el edificio sigue quedando grande.

- *La plataforma gubernamental financiera.* El gobierno tenía en mente la construcción de tres plataformas: la financiera, la social y la de la producción. Solo se llegaron a construir las dos primeras. Pero la de la Gestión Financiera es un edificio de una fachada fea (supuestamente son 5 edificios contiguos), contraria a los contextos urbanos. Un día, a pocas horas de ser inaugurado, llovió fuerte pero común en la época invernal de Quito, un colector de aguas colapsó un colector de aguas provocando que caiga agua desde los tumbados. Las redes sociales subieron videos del desastre. Correa anunció que costará $79,5 millones, con una superficie de 91.100 m^2

y que albergaría 4 mil funcionarios. El costo total fue de $208,9 millones, con una superficie mayor: 132,824 m^2 y que albergaría 4.600 funcionarios. El gobierno gastará 800.000 dólares más para reparar el daño que causó la inundación del edificio.

- **Los sobornos de Odebrecht**
  - *Millonadas en sobornos.* Un millón para la hidroeléctrica Manduriacu; nueve millones para el trasvase Daule-Vinces; ocho millones para el acueducto La Esperanza, 18 millones para la refinería del Pacífico y nueve para el poliducto Pascuales-Cuenca
  - *La ruta viva.* Dos millones en sobornos. Fue valorada en 83 millones y terminaron costando 129 millones de dólares. Odebrecht desvió al menos 7 millones de dólares de las obras Ruta Viva y Metro de Quito, para alimentar las cuentas bancarias desde donde se pagaban las coimas.
  - *El Metro de Quito.* Cinco millones en sobornos. De igual manera, en la construcción de la línea 1 del Metro de Quito se desviaron 5 millones de dólares, divididos en tres millones de dólares durante la elaboración de la propuesta y dos millones de dólares luego de ganar el concurso.

El habitual despilfarro

La revista digital *4Pelagatos* ha publicado con el título *El Mundial del Despilfarro* los siguientes casos de desperdicio y malversación de los recursos del pueblo ecuatoriano:

- *Repotenciación de la refinería de Esmeraldas.* El patrimonio del ex gerente de Petroecuador, Alex Bravo, pasó de USD 19.000 a USD 670.000 desde que ascendió en la estatal petrolera. Manejó 1.058 millones en

proyectos, incluyendo parte de la repotenciación de la refinería, cuyo costo en 8 años subió de 170 a 1.741 millones.
- *La refinería del Pacífico.* El 16 de julio del 2008, Rafael Correa echó a andar el proyecto de la refinería en El Aromo. Monto: $12.000 millones. 51% Ecuador; 49% Venezuela. Casi 8 años después, solo han removido tierras para acondicionar el terreno. Se han gastado $1.521 millones.
- *Yachay.* Esta universidad fue inaugurada el 31 de marzo del 2014 en Urcuquí, Imbabura. Tiene 4489 hectáreas. Nació para ser la Silicon Valley del Ecuador. Tuvo una asignación de $1.040 millones para cuatro años. Famosa por tener funcionarios que trabajan por Skype y ganan $16 300 por mes…
- *Ciudad Quinde.* La Superintendencia de Poder de Mercado tiene como logo un picaflor y decidió hacer un video llamado «Ciudad Quinde». Fue filmado en Zaruma en el 2014 y costó 735.953 dólares. Este video fue visto en internet por apenas 5.000 personas.
- **Senain y Hacking Team.** La Senain lo niega obstinadamente pero las filtraciones proporcionadas por Wikileaks son incontrovertibles: 538 mil dólares cobró la empresa italiana Hacking Team por espiar conversaciones, infectar computadores y monitorear los correos de los ecuatorianos.
- ***Proyectos viales.* Sobreprecios 540,46 millones.**
  - *La ruta Collas.* Cuando arrancó la construcción de esta vía de 4 carriles y 11,7 kilómetros de largo se dijo que costaría 70 millones. Cuando se inauguró, con año y medio de retraso sobre el plazo fijado, terminó costando 198 millones. Son 16,5 millones por kilómetro: es la carretera más cara del mundo.
- *Los aviones presidenciales.* Muy al inicio del Gobierno

el presidente Rafael Correa decidió comprar un avión nuevo para uso de la Presidencia. Se decidió por un artefacto de construcción brasileña que costó 28 millones de dólares. Luego compró un Falcon 7X en 52 millones.

- **Las cadenas de la SECOM.** Producir las cadenas o segmentos de mensajes que a diario aparecen en las radios y en los canales de televisión por orden de la Secretaría Nacional de Comunicación requiere de un importante aparataje burocrático. Esta oficina adscrita a la Presidencia, entre el 2013 y el 2015, costó 74 millones y medio de dólares.
- **La Secretaria Nacional de la Gestión Política.** Su objetivo es «articular el diálogo entre los diferentes niveles de gobierno». Este trabajo, desde el 2013, ha costado algo más de 71 millones de dólares. Tiene una nómina de 568 personas y solo en el 2014 hizo adoctrinamiento por más de 16 millones.
- **Los helicópteros Dhruv.** La Fuerza Aérea Ecuatoriana pagó a la fábrica HAL, de la India, 50,7 millones por siete aparatos. Equiparlos con los sistemas requeridos se llevó otros 13 millones. Cuatro se cayeron, los otros tres son chatarra. Saldo final: tres muertos.
- **Las sabatinas.** No se sabe cuál es su monto real. El Presidente sostiene que son 30 mil dólares cada una. El cálculo de *4Pelagatos* suma el doble. Si se agregan los gabinetes itinerantes de cada 15 días, la cifra anual supera con creces los $5 millones.
- *Aeropuertos.* En Latacunga, Tena y Santa Rosa. 176 millones
    - *El aeropuerto de Santa Rosa.* Expectativa: invirtieron 48 millones; lo dotaron de una capacidad operativa de 240 vuelos al mes y una pista apta para recibir a un Boeing 767, con capacidad para 250 pasajeros. Realidad: movió 84 vuelos en 7 meses con un promedio

de 5 pasajeros cada uno.
- *El error de buena fe.* En 2010, Marcela Aguiñaga compró como Ministra del Ambiente, 66 lotes de la ciudadela Los Samanes al ISSFA por $48 millones. El Gobierno, siguiendo a la Procuraduría, decidió restar $41 millones por "sobreprecio". Aguiñaga, dijo el gobierno, "cometió un error de buena fe".
- *El edificio de Unasur.* Una de las prioridades del gobierno desde su inicio fue consolidar los organismos regionales, entre esos la Unión de Naciones Sudamericanas. Como Ecuador quiso tener la sede, el costo de la construcción de su edificio corrió por su cuenta. No tuvo empacho en invertir 43,5 millones de dólares en un edificio que pasa inactivo gran parte del año.
- *¡Ay, Pame!* Pamela Aguirre, una joven correísta convencida de que Correa debe ser presidente una vez más, dijo recoger firmas para reformar la Constitución y permitir que Correa vuelva a ser candidato. Un proceso como ese se estima costó, al menos, 21 millones de dólares.
- *All you need is Ecuador.* Para promocionar al Ecuador como destino turístico, el Gobierno destinó 19 millones de dólares en la campaña *All You Need is Ecuador*, que consistía en colocar letras gigantes en algunas ciudades del mundo. Ese dinero incluía la compra de los derechos de la canción de los *Beatles*. Se suman un video y una cuña en el *Super Bowl*.
- *La Secretaria de los Pueblos.* El organismo rector de la política intercultural de la revolución ciudadana depende, en realidad, del Ministerio de Coordinación de la Política. Dividir a la CONAIE no fue barato: en el 2013 esta secretaría tuvo un presupuesto de 14'961.111.
- *El quinto poder.* El Consejo de Participación Ciudadana, o Quinto Poder, designa las autoridades de control.

Su origen es oficialista y sus concursos han sido seriamente cuestionados por ser amañados. Este poder cuesta a los contribuyentes al menos $14 millones anuales.

- *Los chalecos de Antón.* En el 2012 el entonces director de la Agencia Nacional de Tránsito, Ricardo Antón, dispuso la compra de chalecos para motociclistas por un monto de 10 millones de dólares. Resultó que la compra no solo era innecesaria sino que los chalecos no servían para nada.
- ***Consejo Nacional para la Igualdad Intergeneracional.*** Uno de los objetivos principales de este organismo es combatir el «adultocentrismo». Para cumplir con esto se paga salarios a 88 personas, gasto que, acumulándose desde el 2013, le ha costado al país 9´754.000 dólares.
- *La iniciativa Yasuní-ITT.* Este fue un proyecto lanzado en 2007. Rafael Correa declaró el inicio de la explotación petrolera en agosto de 2013. Ivonne Baky fue portavoz y representante gubernamental de la iniciativa. Durante tres años gastó 7,3 millones de dólares en viajes.
- *McSquared.* El Gobierno entregó 6,4 millones de dólares a una oscura empresa de relaciones públicas radicada en Brooklyn, Nueva York, propiedad de personas cercanas al Gobierno.
- *La Secretaría del Buen Vivir.* También conocida como Ministerio de la Felicidad. Según su titular, Fredy Ehlers, su presupuesto no llegaba ni a 6 millones en 4 años. Suficiente para practicar el yoga en horas de oficina y viajar por el mundo distribuyendo sonrisas. Es un símbolo nacional del derroche correísta.
- *Ciudad Alfaro.* Más de 5 millones de dólares gastó el gobierno en la construcción de la sede de la Asamblea Constituyente de 2007: un galpón de estructura pre-

fabricada y una olla de barro puesta de cabeza. Muy a propósito para el mamotreto que pergeñaron ahí adentro.
- **Las ambulancias de Chang.** La ministra de Salud, Caroline Chang, compró 115 furgonetas y luego contrató a una fábrica de carrocerías para que las convierta en ambulancias. El resultado fue obvio: un desastre de 3,9 millones. Para colmo, según la Contraloría, un intermediario se quedó con USD 561.227.
- **El Comecheques.** En el 2008 estalló un escándalo por el destino irregular de fondos que manejaba el entonces ministro del Deporte, Raúl Carrión. Cuando se detuvo a dos implicados, estos trataron de comerse los cheques. El monto alcanzó los $240.000 en efectivo y $973.000 en cheques.
- **COFIEC y el caso Duzac.** En el 2012 el Estado, a través de la Cofiec, entregó un préstamo por 800 mil dólares a un argentino de quien poco o nada se sabía: Gastón Duzac, para implementar un sistema de pagos electrónicos que nunca se hizo.
- **Pegaso.** Un satélite de 80 mil dólares no parece caro. Pero si se trata de una lata de sardinas que se descuajeringa al tercer día y la logística para ponerla en órbita cuesta 700 mil dólares financiados por el Estado, la cosa cambia. ¡Bienvenidos a la era espacial ecuatoriana!
- **Diario El Telégrafo.** Su costo de funcionamiento ha sido disimulado, al punto que se ignora el monto total durante este gobierno. El Telégrafo fue uno de sus mejores instrumentos de propaganda.
- *La Constitución de 2008*. Para elaborar la Constitución 2008, el gobierno construyó Ciudad Alfaro en Montecristi. 130 asambleístas, con una nube de asesores y funcionarios, trabajaron allí durante 11 meses. A ese costo, indeterminado pero millonario, se debe agregar el referéndum para aprobarla.

- **El trollcenter.** Los soldados virtuales que el gobierno movilizaba para hostigar a los ciudadanos demandaron todo un presupuesto. Solo los que maneja el vicepresidente Glas suman 300. Tienen oficinas en la Presidencia, en la zona de la Carolina, en Guayaquil.
- *Los asesores de Patiño.* Ricardo Patiño tuvo, entre el 1 de enero de 2010 y el 30 de septiembre de 2013, 125 asesores en la Cancillería. El dato apareció en un examen de la Contraloría. Además del escandaloso número, el informe mostró irregularidades en las contrataciones.
- *Placas de la ANT.* Sobreprecios de 2,35 millones.
- *Plantas de gas de Bajo Alto.* Sobreprecios de 40 millones
- *Venta del Ingenio Azucarero EQ2.* Perjuicio de 87 millones.
- *Pérdidas*
  - *Quiebra en Farma.* 25,7 millones.
  - **Quiebra de TAME. 109 millones.**
  - **GamaTV y TC Televisión. 23 millones.**
- *Contratos del Gran Hermano.* Perjuicios de 143 millones.
- *Hidroeléctricas.* Sobreprecios y endeudamiento externo por 2.888
  - *Sinohydro.* Proyectos contractuales con sobreprecios de 130 millones.
- *Desaparición de la contaduría del IEES.* 2.510,1 millones.
- *Consejo de la Judicatura.* Sobreprecios de 201,7 millones.
- *Terminal Monteverde.* Sobreprecios y reparaciones de 175 millones.
- *Poliducto Pascuales-Cuenca.* Sobreprecios y reparaciones de 574 millones.
- *Odebrecht.* Sobreprecios de 33,5 millones.
- *Intermediación financiera.* Perjuicio al Estado de 2.000 millones.
- *Indemnizaciones*
  - *Burlington.* 379,8 millones.

- ***Chevron.* 112 millones.**
- ***Oxy.* 980 millones.**

Se dice que "nadie roba con notario" por lo cual es casi imposible calcular cuántos millones de dólares fueron "robados" durante el correato. Según el diario *La Hora* "teniendo como premisa que el PIB anual es de 100 000 millones de dólares y las compras pública bordean los 16 000 millones, la pérdida anual para el Estado estaría, en por lo menos, 4 000 millones, solo en adquisiciones. Según el análisis del Banco Interamericano de Desarrollo (BID) daría como resultado por corrupción en compras públicas habrían alcanzado los 40 mil millones en pérdidas. Sin embargo, el BID añade otras variables que no se refieren a la corrupción sino a la ineficiencia por despilfarro o malversación, las pérdidas alcanzarían la cifra de *70 mil millones de dólares*".

La revista *Vistazo* cita a la presidenta de la Asamblea Nacional, Elizabeth Cabezas, quien indicó que la Comisión Anticorrupción calculó cerca de *24 mil millones de dólares* los valores perdidos en los últimos años. Jorge Rodríguez, miembro de la Comisión Nacional Anticorrupción, sostuvo en una entrevista con el diario *El Universo*, que casi *36 mil millones de dólares* fueron distribuidos en coimas, sobreprecios, comisiones en exportación de petróleo y en importaciones de derivados, deuda pública y gasto corriente.

Tanto dinero enriqueció a muchos allegados de Correa así como a las empresas que contrataban con el gobierno. Mucho bien se pudo haber hecho por el pueblo, pero más pudo la codicia que embarró "las manos limpias" del correato. Pero, el atraco no termina solo en lo material sino también en el ultraje a la ética, cualidad moral que debe tener todo gobernante.

NOTAS

❖ ❖ ❖

[1] Antonio de Morga, un español, fue por 20 años Presidente de la Real Audiencia de Quito, lo cual lo convierte en el gobernante de mayor permanencia en el Ecuador.

[2] Porque hay varios tipos de poder, de aquí en adelante el poder político llevará mayúscula.

[3] En mi libro E*ncumbramiento del despotismo*, reflexiono en más detalle por qué el poder político puede degenerar en despotismo. De hecho este libro es una aplicación de las teorías políticas sobre el Poder y el despotismo.

[4] Robert Dahl. *The Concept of Power* (1957). Ver también Steven Pukes (2011), para quien esta definición es deficitaria, pues solo tiene una dimensión. Pukes añade una segunda cuando hay poder de dejar fuera a ciertos individuos o grupos o temas de la toma de decisiones y una tercera dimensión el ideológico, cuando no es necesario tomar decisiones porque no hay conflicto entre el que manda y el que obedece.

[5] José María Velasco Ibarra, fue un gobernante populista, fue cinco veces presidente del Ecuador y, aunque tenía tendencias autoritarias, nunca controló el aparato institucional de la manera que lo hace un déspota.

[6] Ver el libro del mismo título de Alfredo Valdivieso (2010).

[7] Más que "libre" comercio, son tratados de *administración* de comercio internacional.

[8] Max Weber lo definió así y es la más aceptada en la literatura política.

[9] En inglés, *wishful thinking*.

[10] Bruce Bueno de Mesquita y Alastair Smith (2011).

[11] El exceso de control en el Ecuador lo explica Pablo Lucio Paredes

[12] Recordemos la secta de Jim Jones, quien en 1978, en Guyana, se suicidó él y más de 900 personas.

[13] Robert Heilbroner. "What is Socialism", revista *Dissent*, https://www.dissentmagazine.org/wp-content/files_mf/1433884078summer78heilbroner.pdf (Traducción y énfasis del autor)

[14] Los impuestos y otras medidas gubernamentales sufren de un cierto grado de coerción; no obstante, también en gran medida la coerción es ignorada por las mayorías.

[15] Esta expulsión le costó al Ecuador alrededor de mil millones de dólares por violación a las normas de la CIADI, un centro de arbitraje para arreglar diferencias entre países signatarios. Correa, ya de Presidente, se retiró de este organismo.

[16] Foro de San Pablo, http://es.wikipedia.org/wiki/Foro_de_S%C3%A3o_Pablo

[17] Las consecuencias de este espejismo fue discutido a fondo en mi libro *Desahucio de un proyecto político: El porqué del fracaso del Socialismo del siglo XXI*. (López, 2011)

[18] Votaron a favor de enviarla al Congreso: Movimiento Popular Democrático (MPD, comunista), Sociedad Patriótica (SP, populista), Renovador Institucional Acción Nacional (PRIAM, populista de derecha), Social Cristiano (PSC, de derecha), Unión Democrática Cristiana (UDC, centro-derecha).

[19] Dana Carney. "How Power Corrupts", varios documentos, https://www.google.com/search?q=dana+carney+and+how+power+corrupts&ie=utf-8&oe=utf-8

[20] Lo mismo sucede con ciertas personas adineradas, que se vuelven ipso facto más egoístas, menos generosas y compasivas. http://www.spsp.org/news-center/blog/psychology-of-social-class

[21] Aunque el orden moral es social, no solo individual; en una sociedad desconfiada se hace difícil tener un compás moral estricto o ecuánime, lo cual facilita la presencia de líderes que se empalagan de poder y tienden a abusarlo.

[22] Si tendían a interrumpir rudamente una conversación, por ejemplo. Dana Carney *op. cit.*

[23] Aunque Correa se creía merecedor con creces del poder total, muestras de su comportamiento autoritario y belicoso las exhibió desde la

niñez, como su propio hermano Fabricio relata en múltiples entrevistas.

[24] El concepto de "economía social de mercado" se menciona una vez, pero deja fuera lo de "mercado" en dos ocasiones.

[25] Tal es así que un grupo heterogéneo conformado por científicos, académicos, ecologistas, líderes indígenas y de base de diferentes partes del mundo demandaron ante la Corte Constitucional del Ecuador a la British Petroleum por el daño causado por un derrame de cinco millones de barriles en el "Golfo de México" - "British Petroleum demandada en Ecuador". *Acción Ecológica*, noviembre 16 del 2010. http://www.accionecologica.org/accion-ecologica-opina/1378-british-petroleum-demandada-en-ecuador

[26] Redacción revista *PlanV*, https://www.planv.com.ec/investigacion/investigacion/quien-mato-al-general-gabela

[27] Comisión Ecuménica de Derechos Humanos (CEDHU), Ecuador *https://www.alainet.org/es/active/18438*

[28] La de Ernesto "Che" Guevara es un ejemplo de este tipo de personalidad.

[29] En inglés coloquial se dice: *Yes-men*.

[30] Una lista completa de todos los doctorados honoríficos que obtuvo Correa. *https://www.ecuadortv.ec/noticias/actualidad/estos-son-los-15-doctorados-honoris-causa-que-recibio-el-presidente-correa*

[31] No todo dictador es déspota. Los dictadores ecuatorianos fueron benévolos, por eso se llama sus períodos como "dictasuaves" o "dictablandas".

[32] Dícese de la sustancia que posee un poder alucinógeno, proporcionando una experiencia divina.

[33] En inglés coloquial se diría *control freak*.

[34] "Lenín Moreno espera superar a Rafael Correa; Jorge Glas dice tener las manos limpias", diario *El Comercio*, 16 de noviembre del 2016. *https://www.elcomercio.com/actualidad/leninmoreno-superar-rafaelcorrea-jorgeglas.html*

[35] Según su hermano Fabricio se debía a que los dos tenían personalidades muy parecidas con respecto a la autoridad (desafiantes) y dados a argumentar, no para ganar un debate, sino para demostrar quién era superior y eso les llevaba a estar en continuo conflicto.

[36] Cuenta su hermano Fabricio que habían acudido a psicólogos famil-

iares por el trauma de la muerte de su padre y ellos afirmaron que Rafael genéticamente tenía una herencia de su padre y de su abuelo de desafiar a la autoridad. En sus dos manifestaciones; por un lado irrespeto a los que consideran superiores y por otro condescendientes con los que consideran inferiores.

[37] La esposa de Correa había afirmado que desde su juventud Correa había soñado con ser el "salvador de la patria" y que para hacerlo se necesitaba imponer su modelo idealizado de país.

[38] Bruce Bueno de Mesquita y Alastair Smith *op. cit.*

[39] El 30S tuvo un saldo trágico (5 muertos, decenas de heridos, 50 detenidos) resultado de una operación que tenía que acallarse antes de que haya una insubordinación general de la Policía o de las FFAA.

[40] El, entonces, Ministro de Defensa Javier Ponce, logró –tempranamente-- el 30S que los jefes de las FFAA apoyen a Correa.

[41] "Hecho en China y exportado a Ecuador: el aparato de vigilancia estatal", se titula el artículo del diario estadounidense, The New York Times que fue publicado el 24 de abril del 2019. En todo el Ecuador hay más de cuatro mil cámaras de vigilancia que mandan capturas de video a centros de monitoreo donde las grabaciones son examinadas por policías y el servicio de inteligencia, un sistema comprado al país asiático para vigilar a posibles disidentes. *https://www.nytimes.com/es/2019/04/24/ecuador-vigilancia-seguridad-china/*

[42] "El fin de la hermandad del Sol", revista digital Plan V, 13 de enero del 2016.
https://www.planv.com.ec/investigacion/investigacion/el-fin-la-hermandad-del-sol

[43] La revuelta de la policía del 30 de septiembre del 2010 (30S) debido a cambios en los beneficios de la Policía terminó en tragedia, lo que Correa llamó un golpe de estado "blando".

[44] "Correa, un Presidente con calificación sobresaliente", *https://www.presidencia.gob.ec/correa-un-presidente-con-calificacion-sobresaliente/*

[45] "Rafael Correa cierra su gestión con una aprobación del 62%", diario El Telégrafo, 17 de mayo del 2017. *https://www.eltelegrafo.com.ec/noticias/politiko/1/rafael-correa-cierra-su-gestion-con-una-aprobacion-del-62*

[46] *http://www.fundamedios.org/*, 22 de julio del 2019.

[47] Noam Chomsky. *http://noam-chomsky.tumblr.com/*

post/13867896307/noam-chomsky-10-strategies-of-manipulation-by

[48] Según las noticias sobre el caso "arroz verde" o "sobornos 2012-2016".

[49] En el Índice de Libertad Económica del 2019, el Ecuador ocupa el puesto 150 de los 170 países estudiados y adelante solo de Bolivia, Cuba y Venezuela. *https://www.elcomercio.com/actualidad/ecuador-libertad-economica-reprimida-indice.html*

[50] Javier Montenegro (2019d).

[51] Unos pueblos rusos en los que solo había fachadas.

[52] Carlos Meléndez y Paolo Moncagatta (2017).

[53] Cuando la comunicación es derecho individual, la reforma la declara como derecho universal.

[54] Internacionalmente ha sido constantemente criticada por organizaciones de derechos humanos y medios de comunicación. *https://www.ecuavisa.com/articulo/noticias/actualidad/33611-siguen-las-criticas-internacionales-la-ley-de-comunicacion*

[55] Lawrence Harrison y Samuel P. Huntington (2001).

[56] Ironizaba un cura amigo diciendo que ni los sistemas ni las sociedades iban al cielo o al infierno, sino los individuos.

[57] *https://4pelagatos.com/2018/03/12/a-los-asambleistas-de-moreno-les-importa-la-etica/*
https://4pelagatos.com/2016/07/15/presidente-de-que-etica-habla-usted/

[58] *https://4pelagatos.com/2018/04/03/ramirez-se-dio-empleo-con-plata-publica-antes-de-irse/*

[59] María Cristina Bayas (2016).

[60] Aunque reconociendo que hay diferencias, utilizo cultura, capital social, costumbres, ethos intercambiablemente como si fuera sinónimos.

[61] "La ley se acata pero no se cumple", es un dicho que nos viene desde la Colonia.

[62] Redacción diario La Hora (febrero 2019).

[63] *https://www.planv.com.ec/investigacion/investigacion/derechos-humanos-violaciones-durante-el-gobierno-rafael-correa*

[64] Ekinci, Aykut. (2011). What is the Optimum Size of Government: a Suggestion. *International Journal of Economics and Finance Studies*. 3.

[65] José Ayala Lasso (2017).

[66] En la Asamblea (2019) se cuece la idea de independizar la Fiscalía del

sistema judicial.

ABOUT THE AUTHOR

Franklin López Buenaño

Franklin López Buenaño es, sin duda alguna, uno de los intelectuales liberales más prominentes del Ecuador y América Latina.

En sus escritos se nota su erudición, producto de su acervo educativo, pues además de tener un PhD y Master en Economía, también tiene un Master en Ingeniería Química.

Por su protagonismo y por su libro Por qué y cómo dolarizar se puede afirmar que si no hubiera sido por su contribución intelectual al debate no se hubiera implementado la dolarización. Autor de varios libros, entre los últimos: Desahucio de un Proyecto Político: El porqué del fracaso del
Socialismo Siglo XXI; en el cual pronostica la crisis a la que tendrá que enfrentar el gobierno de la Revolución Ciudadana por sus excesos, tanto económicos como políticos. Encumbramiento del despotismo: Reflexiones sobre el uso y el abuso del Poder; en el cual se examina el origen y la naturaleza del poder político, como éste crece debido a que hay un caldo de cultivo que lo alimenta y por eso surgen los despotismos o la tiranía. Libre Comercio: El algoritmo del progreso; se evidencia con un análisis histórico que el libre comercio es un ingrediente indispensable en la creación de la riqueza y el de-

sarrollo económico. cómo, a nuestro parecer, NO todo tiempo pasado fue MEJOR; el autor demuestra con datos históricos y un algoritmo que la mente humana es una fuente inagotable de ideas, innovaciones, nuevas tecnologías que ha llevado a la humanidad a crecimientos exponenciales de bienestar. Nos robaron hasta el amanecer y El ascenso de un déspota, son libros indispensables para comprender y abarcar el daño causado por el gobierno de Rafael Correa.

Sus más de treinta años de actividad académica la Universidad de Nueva Orleans y Tulane University le han permitido perfeccionar su capacidad de análisis y de reflexión sobre la evolución de los conocimientos tecnológicos y científicos y sus incidencias en el bienestar material de los pueblos.

Su talento de escribir en prosa técnica, como en la autoría de libros en ecología y economía ambiental y múltiples artículos en revistas especializadas o en prosa simple y amena es excelente, como se demuestra en sus columnas de prensa en cuarenta periódicos de América y España.

Sus libros son una demostración de sus condiciones de analista, pedagogo, erudito y agudo observador de la realidad contemporánea.

PRAISE FOR AUTHOR

"En 2011 en pleno apogeo del correísmo —a toda vela con el boom petrolero— sólo el autor se atrevió a desahuciar al gobierno que parecía tener el "toque de Midas". El año siguiente le dio la razón: todo indicador que mostraba mejoría frenó en seco hasta hoy. Luego en "Encumbramiento del despotismo" nos mostró descarnadamente la verdadera naturaleza del poder político que padecíamos y cómo habíamos llegado a él. Que el testimonio de estas páginas nos sirva de anticuerpos para no volver a cometer esos errores y proyectarnos a un futuro de libertad y prosperidad".
Ciro Andrade. Ing. Civil, Diseñador de vías y pavimentos.

"Con este libro el profesor don Franklin López Buenaño demuestra ser un gran ciudadano y un gran académico. Gran ciudadano pues escribe motivado por la preocupación por la situación del Ecuador y cómo el correato truncó sus opciones de despegar hacia el progreso. Y gran académico pues esa preocupación le ha movido a estudiar para intentar comprender qué ocurrió en el país. A sus demostrados conocimientos en economía y ciencia política, el profesor López Buenaño añade una perspectiva desde la psicología del poder muy pertinente, pues explora cómo se pudo sumir todo un país al despotismo de una personalidad cratomaníatica y autoritaria como la de Rafael Vicente Correa Delgado. Este libro da claves que nos permiten entender qué ocurrió en el Ecuador para impedir que vuelva a ocurrir".
Luis Espinosa Goded. Catedrático de la Universidad San Francisco de Quito

"Este valioso aporte de Franklin López Buenaño nos narra y describe la destrucción sistemática de las instituciones en el Ecuador. Con este libro deja para la posteridad un importante relato de los sucesos que llevaron a Correa al poder, y luego sus artimañas y subterfugios para legitimar su abuso y prolongar su tiempo en el poder. Como demuestra Franklin, Correa no tuvo nada de original: desde antes de la nueva Constitución de Montecristi, el maquiavélico plan del Socialismo del Siglo XXI se venía armando en Cuba y Venezuela, y solo necesito para ser aplicado como libreto por un desconocido pero carismático profesor de economía con un resentimiento social bárbaro. El "mashismo" de Correa, se manifestó no solo en la centralización y manipulación de todos los poderes del Estado, sino también con incrementadas dosis de violencia hacia la sociedad. El correato se despilfarró la mayor riqueza de la historia ecuatoriana y por primera vez una Fiscal - la Dra. Diana Salazar - le ha dado un puñalazo a la impunidad. Gracias a libros como este la historia podrá juzgar a los actores y defensores del correato por siempre. Es importante recordad y repudiar para evitar la impunidad, si no se corre el riesgo de legitimarla. Como bien dice Franklin el nefasto legado del correato demorará décadas en corregir al menos que se hagan cambios radicales y bruscos en la economía ecuatoriana, sin contar el legado inmoral que deja para siempre".
Francisco Zalles. Principal at LatAm Partners LLC

"Me parece muy acertado el análisis en la forma didáctica y resumida en que lo hace Franklin López. Lo he leído con mucho interés y satisfacción. En verdad, es un aporte muy valioso para que, con su extensa difusión, segmentos importantes e influyentes de nuestra sociedad puedan tomar consciencia del grave e inminente peligro en el que nos encontramos y puedan reaccionar adecuadamente para proteger nuestra sobrevivencia como sociedad libre y de paz".
Alfredo Gallegos. Socio en QUEVEDO & PONCE

"Es hipocresía o ignorancia o envidia lo nos caracteriza o es simplemente viveza criolla? ¿Es socialismo o estupidez? Pero... ¿no son lo mismo? Si se realiza el mismo experimento y los resultados son

siempre los mismos, ¿no es ser estúpido hacerlo otra vez para esperar resultados diferentes? Otra robolución.. "y más de lo mismo". Franklin demuestra con el ejemplo ecuatoriano que elegimos una y otra vez al "perfecto idiota latinoamericano". Sin embargo, son malditos pues mantienen la doctrina de la pobreza. Sin pobres no podrían "hacer su primer millón"... de dólares(!) en pocos meses y sin trabajar(!)... lo que me produce una puerca envidia".
Santiago Gangotena, Fundador de la Universidad San Francisco de Quito

DESPOTISMO

Un análisis histórico del gobierno de Rafael Correa Delgado

Desahucio De Un Proyecto Político

Un diagnóstico sobre el problema fundamental del socialismo: Un sistema político-económico diseñado "desde arriba" y en violación a los derechos más sagrados del hombre.

Nos Robaron Hasta El Amanecer

Aquí se demuestra cómo el gobierno de Rafael Correa truncó el progreso económico, político y social del que estaba gozando el Ecuador antes de su llegada al poder.

El Ascenso De Un Déspota

La predisposición sicológica de un líder político y del pueblo, así como el espejismo de la utopía del Socialismo del Siglo XXI llevaron a la presidencia despótica de Rafael Correa.

Made in the USA
Middletown, DE
26 October 2020